Verba volant, scripta manent.

Über diese Ausgabe

Die 1870 erschienene Originalausgabe ist, wie für die Zeit üblich, in Frakturschrift gedruckt. Um das Buch von David Krasser leichter lesbar zu machen, erscheint diese Ausgabe in einer aktuellen Schriftart. Texte die in der Originalausgabe nicht in Frakturschrift gedruckt sind, werden in dieser Ausgabe kursiv dargestellt.

Mit Ausnahme von kleinen Formatierungsanpassungen wurde am Originaltext nichts geändert. Dies betrifft auch Rechtschreibfehler, inklusive der vom Autor in der Korrekturtabelle genannten.

Dank

Mein Dank geht an Sonja und Wilfried für das Korrekturlesen. In gewissenhafter und zeitraubender Arbeit, unter Zuhilfenahme von Vergleichsschriften, haben sie einen großen Beitrag zur Entstehung dieser Ausgabe geleistet.

Dank auch an die Bayerische Staatsbibliothek sowie die Österreichische Nationalbibliothek für die digitale Veröffentlichung der Originalausgabe:

https://opacplus.bsb-muenchen.de/title/BV020279711
https://onb.digital/result/108E90FF

Christian Glatz

2021

David Krasser

Geschichte des sächsischen Dorfes Großpold in Siebenbürgen

Christian Glatz (Herausgeber)

Bibliografische Information der Deutschen Nationalbibliothek

Die deutsche Nationalbibliothek verzeichnet diese Publikation in der Deutschen Nationalbibliografie; detaillierte bibliografische Daten sind im Internet über http://dnb.d-nb.de aufrufbar.

Version 1.0
Umschlaggestaltung, Grafik und Layout: Christian Glatz
Herstellung: BoD – Books on Demand, Norderstedt

ISBN 13: 978-3-95612-117-3

Vorwort

Verba volant - scribta manent. Worte fliegen - Geschriebenes bleibt.

In alten Märchen, in der Mythologie der Griechen und der Germanen, in der Bibel, überall stellt man einem Fremden, der an einen neuen Ort kommt, die Fragen: Woher kommst du? Wie heißt du? Wer ist dein Vater? Seit alters her ist die Herkunft wesentlich.

Der Herausgeber dieses Buches – Christian Glatz – stammt aus dem Dorf Großpold in Siebenbürgen, das im heutigen Rumänien liegt. Er wurde 1965 dort geboren. Seit vielen Jahren lebt er im Stuttgarter Raum und je älter er wurde, desto mehr wollte er über die Geschichte dieses Dorfes erfahren. Es ist wohl so, dass gerade Menschen, die ihre Heimat verlassen haben, Sehnsucht nach ihren Wurzeln haben, besonderes Interesse entwickeln, mehr über ihre Herkunft zu erfahren. Die Geschichten, die erzählt wurden, machten neugierig auf die Geschichte dieses Ortes, der auf Grund seiner Lage über die Jahrhunderte von den verschiedensten Völkern bewohnt und durchwandert wurde. Wie alle mündlichen Überlieferungen fügten sich bunte, aber auch widersprüchliche Geschichten aneinander, ja nachdem, wer sie wem erzählte.

Auf der Suche nach schriftlichen Quellen, entdeckte der Herausgeber unter anderem in der Bayrischen Nationalbibliothek ein Buch wieder, das sich auf über hundert Seiten der Geschichte von Großpold widmet. Der uns hier vorgelegte Text ist die ausführlichste, einzige „Quelle seiner Zeit" dieses Umfangs, die sich finden ließ. Der damalige Dorfpfarrer David Krasser hat eine vollständige Wiedergabe aller urkundlicher Quellen versucht und 1870 in Hermannstadt veröffentlicht. Das Buch entstand mit emotionaler und finanzieller Unterstützung der Bürger dieses Dorfes. Jeder Bürger, der durch den Kauf eines einzelnen Buches die Herstellung subventionierte, wird zu Beginn des Buches namentlich vermerkt.

Der Pfarrer zeichnet ein buntes Bild über Jahrhunderte hinweg von den wechselnden, schicksalshaften Bedingungen der Bauern und Bürger des Ortes. Seine ersten Berichte gehen zurück auf die römische Kulturperiode, die sich archäologisch begründen lässt, setzt sich fort bis zur Zeit der Ortsgründung im 13. Jahrhundert und schließt in der Gegenwart des

Verfassers. Der Erzählende berichtet präzise Fakten, schreibt dabei in einem klaren, verständlichen und anschaulichen Stil. Die Beschreibung der Landschaften, die Schilderung der jeweiligen Zeitstimmung, in die er sich empathisch einfühlt, haben poetischen Reiz. Der Inhalt erzählt von dem wechselvollen Schicksal der Menschen in dieser Gegend, den nachbarlichen Streitigkeiten und den großen Kriegen, den verschiedenen Regierungen und Verwaltungen. Immer wieder neue Völkerbewegungen verändern Gewohnheiten und Lebensbedingungen der Einwohner auf allen Ebenen. Sorgfältig in viele kleine Kapitel gegliedert, reihen sich die geschichtlichen Erzählungen chronologisch aneinander, verführen dazu, sich auszumalen, was sich wohl aufgrund dieser Fakten für die einzelnen Bewohner abgespielt haben mag. Genau das macht der Verfasser selbst nicht, sondern er bezieht sich gewissenhaft nur auf die vorhandenen Urkunden.

Daher wurde es für den Herausgeber eine Herzensangelegenheit, den historischen Textes seines Dorfes der Nachwelt zu erhalten. David Krassers Buch erschien 1870 in der zu jener Zeit üblichen Antiqua, eine schlichtere Form der Schwabacher Fraktur, einfacher in ihrer Ornamentik, lesbarer und „moderner". Da es keine Neuauflage gab, existiert das Buch nur in diesem alten Druck in den verschiedenen Bibliotheken oder auch in Privatbesitz. In einer zwar wunderschönen gotisierenden Schrift, dekorativ, von großem ästhetischem Reiz, die jedoch der jetzigen Generationen nicht mehr vertraut ist. Der Herausgeber hat sich die Mühe gemacht, das Buch Wort für Wort abzuschreiben und damit in eine moderne Schrift zu übertragen, und den Text dadurch - und das ist sein Hauptanliegen - lesbar für die Generation von heute zu machen. Dabei hat er jeder Abwandlung der Rechtschreibung und auch der Grammatik übernommen. Durch diese Entscheidung erkennt der Leser deutlich, wie flexibel die Rechtschreibung zur Zeit des Verfassers noch war. Tatsächlich gab es erst hundert Jahre später eine erste Festlegung der deutschen Rechtschreibung. Man sieht dem Text an, dass er im Laufe der Zeit entstanden ist und der Verfasser einmal diese und einmal jene Schreibweise bevorzugte. Natürlich sind auch manche Wörter heute nicht mehr üblich, aber der aufmerksame Leser wird ihre Bedeutung assoziieren können. Wir haben also wirklich eine „Quelle".

Wie viele ehemalige Bewohner von Großpold besucht auch der Herausgeber jährlich mit Verwandten und Freunden das leere, verlassene Haus seiner Vorfahren. Sie fahren gemeinsam hin, pflegen und reparieren das Gebäude, damit es erhalten bleibt, und beleben es im wahrsten Sinne des Wortes in dieser Zeit mit Gesprächen und Musik.

Daher können wir fast sicher sein, dass dieses Buch von der neuen Generation gelesen wird und ihr Interesse an Geschichte und Tradition zu wecken vermag. Vielleicht lehren die Nöte und Sorgen vergangener Jahrhunderte, Kriege, Naturkatastrophen, Seuchen und Vertreibungen ein wenig Dankbarkeit dafür, dass es uns in mancher Hinsicht bessergeht, und stärkt die Verantwortung demgegenüber, was unsere Vorfahren uns hinterlassen haben.

Prof. Dr. Marion Röttgen

Geschichte

des

sächsischen Dorfes Großpold

in

Siebenbürgen.

Aus urkundlichen Quellen verfaßt

von

David Krasser.

Herrmannstadt, 1870.

Das nicht unbedeutende Archiv der hiesigen Gemeinde, welches dem alten Herkommen gemäß unter der Obsorge des ev. Pfarrers steht, bot die natürliche Veranlassung zu geschichtlichen Mittheilungen an die Mitglieder des hiesigen, neugegründeten Lesevereines, deren lebhafte Betheiligung an denselben alsbald das Bedürfniß einer geordneten Zusammenstellung des vorhandenen Quellenmateriales bezeugte und schlüßlich dahin führte, daß sie den wiederholten Wunsch aussprachen: es möchte die daraus ihnen vorgetragne Dorfgeschichte durch den Druck für weitere Kreise zugänglich gemacht und deren längere Aufbewahrung gesichert werden. Ja! die Vertreter der Gemeinde selbst erkannten den Werth eines solchen Buches, worin jeder Gemeindebürger die Urkunden des Gemeinde- und Kirchen-Archives in seine eigenen Hände bekommen, sich dadurch des rechtmäßigen Besitzes und der allmäligen Gemeinde-Entwicklung durch eigne Anschauung bewußt werden könnte, und setzten mich in die Lage, dasselbe im Namen und auf Kosten der Gemeinde herauszugeben, mit der beigefügten Erklärung, daß der dadurch erübrigte Reingewinn der hiesigen, evangelischen Volksschule und zwar hauptsächlich zur Lehrmittelvermehrung gewidmet werde.

Aus dieser Entstehung ergaben sich nun von selbst die Ziele, welche diese Dorfgeschichte nach Inhalt und Form sich vor Augen zu halten hatte. Ihr Inhalt forderte die möglichst vollständige Sammlung und Wiedergabe der Urkunden selber. Die Form mußte den Leserkreis des Dorfes ins Auge fassen und ihm gerecht zu werden trachten. Gleichwohl dürfte der sich darin meist chronologisch fortbewegende Quellenfluß auch für den Historiker vom Fache nicht ganz werthlos sein, in wie ferne seinem geübten Auge schon darin hier die Heldengestalten der ersten Gräfenzeit, da die buntfarbigen Bilder der Fürsten-Aera, dort der physische und moralische Volksbankrott mit dem ihm folgenden Knechtssinn des vorigen Jahrhunderts, aus dessen Noth und Jammer dieser Ort insbesondere durch seine neue Transmigranten-Ansiedlung erlöst werden sollte, auch aus dem Rahmen eines engbegrenzten Dorfdaseins lebendig entgegentreten werden.

Möge also dies Büchlein als ein erwarteter Gast aufgenommen werden in den Wohnungen derer, auf deren Wunsch es gedruckt wurde.

Möge es als ein willkommener Erzähler alter Geschichts-Begebenheiten einer sächsischen Brudergemeinde aber auch in anderen Gemeinden Einlaß erhalten zur Kürzung der langen Winterabende, und möge es endlich auch in der heimischen Geschichtsfreunde Sammlungen hier und da ein bescheidenes Plätzchen finden!

Großpold, am 20ten Juli 1870.

David Krasser *m.p.*
ev. Pfarrer.

Verzeichnis der Pränumeranten.

Haus-Nr.	**Namen der Pränumeranten**	Exemplare
	Se. Hochwürden *Dr.* G. D. Teutsch, Superindendent der ev. Landeskirche A.B.	10
	Se. Hochwürden Samuel Schiel, Ev. Stadtpfarrer in Kronstadt	6
	Die Gemeinde Großpold	10
	" ev. Kirche "	2
	" ev. Schule "	1
4	G.Sam. Brandsch, Rector	1
"	Michael Lienert, Conrector	1
"	Friedrich Konnert	1
"	Andreas Schell	1
5	Andreas Glatz	1
6	Georg Theil	1
7	Michael Theil	1
8	Andreas Pitter	1
9	Martin Stulz	1
10	Mathias Nitsch	1
11	Johann Laßner	1
12	Michael Zultner	1
48	Georg Sander	1
13	Michael Rechert	1
14	Georg Zeck	1
15	Thomas Kirr	1
17	Andreas Gärz	1
18	Michael Stefani	1
19	Mathias Schuster	1
20	Johann Glatz	1
32	Martin Stefani	1

Haus-Nr.	**Namen** der **Pränumeranten**	Exemplare
33	Johann G. Klöpfer	1
34	Mathias Bottesch	1
35	Martin Laßner	1
36	Andreas Glatz	1
37	Andreas Glatz	1
38	Simon Fleischer	1
43	Andreas Kerst	1
44	Andreas Binder	1
45	Georg Theil	1
47	Johann Wagner	1
49	Johann Eder	1
50	Johann Glatz	1
51	Andreas Glatz	1
52	Andreas Bottesch	1
53	Johann Theil	1
54	Johann Theil	1
55	Johann Schnell	1
56	Samuel Scheiber	1
57	Michael Fleischer	1
59	Mathias Herkel	1
60	Thomas Schunn	1
61	Georg Hienz	1
62	Andreas Wegmeth	1
63	Daniel Roth	1
64	Michael Pitter	1
65	Andreas Sander	1
66	Samuel Eder	1
67	Maria Wegmeth	1
68	Georg Müller	1
82	Andreas Bottesch	1

Haus-Nr.	**Namen** der **Pränumeranten**	Exemplare
87	Johann Kroner	1
85	Michael Modjesch	1
191	Georg Theil	1
192	Georg Kirr	1
193	Jakob Felmeth	1
194	Michael Zimmermann	1
196	Johann Lutsch	1
199	Samuel Engelleutner	1
200	Matthias Adami	1
203	Samuel Glatz	1
204	Michael Hinz	1
206	Johann Wagner	1
207	Johann Baldinger	1
208	Samuel Klusch	1
209	Johann Metz	1
210	Samuel Schuller	1
211	Michael Modjesch	1
212	Johann Rieger	1
213	Mathias Theil	1
214	Mathias Kerst	1
215	Johann Wagner	1
216	Martin Klusch	1
217	David Glatz	1
218	Andreas Stulz	1
221	Samuel Glatz	1
220	Michael Wegmeth	1
219	Johann Kirr	1
222	Andreas Pitter	1
223	Johann Wandschneider	1
224	Michael Logdeser	1

Haus-Nr.	Namen der Pränumeranten	Exemplare
225	Johann Klusch	1
227	Johann Hinz	1
228	Johann Kirr	1
229	Andreas Pitter	1
230	Andreas Kirschlager	1
231	Maria Pitter	1
232	Mathias Bartesch	1
237	Johann Gleiß	1
235	Johann Kramer	1
236	Georg Kirr	1
238	Witwe Willinger	1
239	Elisabetha Maierhofer	1
240	Andreas Schöberl	1
242	Johann Roth	1
243	Andreas Sonnleitner	1
244	Georg Kramer	1
245	Mathias Sonnleitner	1
246	Samuel Scheiber	1
247	Johann Hinz	1
248	Johann Hüttmaier	1
249	Josef Roth	1
250	Martin Weger	1
251	Rupert Glatz	1
252	Christian Glatz	1
380	Johann Stefani	1
381	Johann Fleischer	1
384	Josef Piringer	1
386	Andreas Wonnerth	1
253a	Andreas Eder	1
256	Samuel Glatz	1

Haus-Nr.	**Namen** der **Pränumeranten**	Exemplare
257	Stefan Botsch	1
261	Johann Merbrodt	1
262	Michael Sonnleitner	1
263	Johann Theil	1
264	Johann Weger	1
265	Andreas Liebhardt	1
266	Samuel Herrmann	1
269	Thomas Schunn	1
267	Anton Kruzik	1
270	Samuel Kramer	1
273	Mathias Binder	1
274	Georg Henrich	1
276	Michael Pitter	1
277	Johann Wallner	1
278	Martin Giltsch	1
279	Johann Wonnerth	1
281	Andreas Kramer	1
281a	Mathias Theil	1
282	Michael Nitsch	1
283	Josef Liebhardt	1
285	Stefan Wegendt	1
287	Andreas Reiter	1
290	Mathias Reiter	1
288	Johann Theil	1
291	Georg Hinz	1
292	Mathias Wonnerth	1
293	Simon Hüttmaier	1
294	Mathias Modjesch	1
295	Michael Schiller	1
298	Samuel Roth *jun.*	1

Haus-Nr.	**Namen** der **Pränumeranten**	Exemplare
300	David Glatz	1
301	Martin Pichler	1
303	Johann Theil	1
304	Georg Rechert	1
305	Samuel Grottendorfer	1
307	Bernhardt Burgstaller	1
308	Johann Glatz	1
309	Mathias Kramer	1
310	Martin Nuß	1
311	Samuel Feyri	1
312	Josef Glatz	1
313	Samuel Piringer	1
314	Samuel Eder	1
315	Andreas Rohrsdorfer	1
316	Andreas Lahner	1
317	Johann Moser	1
318	Johann Glatz	1
319	Georg Scheiber	1
320	Martin Rohrsdorfer	1
321	Johann Rechert	1
322	Gregor Nuß	1
323	Andreas Kramer	1
324	Georg Bottesch	1
325	Andreas Thorwächter	1
326	Schauberger	1
329	Andreas Lederhilger	1
331	Andreas Rieger	1
334	Johann Grottendorfer	1
335	Georg Scheiber	1
336	Johann Rohrsdorfer	1

Haus-Nr.	**Namen** der **Pränumeranten**	Exemplare
337	Samuel Rieger	1
338	Andreas Laßner	1
340	Johann Piringer	1
341	Johann Maierhofer	1
342	Michael Bacher	1
348	Martin Rieger	1
349	Michael Sonnleitner	1
350	Josef Lederhilger	1
351	Samuel Ebner	1
352	Maria Sonnleitner	1
353	Johann Burgstaller	1
354	Andreas Stefani	1
355	Mathias Buchfellner	1
357	Johann Piringer	1
358	Therese Piringer	1
360	Johann Nuß	1
363	Josef Ranicher	1
364	Johann Thorwächter	1
365	Samuel Feiry	1
366	Peter Szilligan	1
	G. Wendel, Königsrichter, Reußmarkt	1
	Josef Henrich, k. k. pens. Staatsanwalt in Reußmarkt	1
	Wilhelm Löw, Landes-Consistorrialrath in Reußmarkt	1
	Carl Göllner, Richter in Reußmarkt	1
	Eduard Martzi, Notär in Reußmarkt	1
	Martin Spielhaupter, Geschworener in Reußmarkt	1
	Georg Schenker, Feldinspektor in Reußmarkt	1
	Carl Traugott Kepp, Prediger in Reußmarkt	1
	Michael Schell, Conrector in Reußmarkt	1
	Marin Ziegler, Mädchenlehrer in Reußmarkt	1

Haus-Nr.	**Namen** der **Pränumeranten**	Exemplare
	Albert Löw, Stuhls-Notär in Reußmarkt	1
	Rudolf Bock, Officiolatssekretär in Reußmarkt	1
	Samuel Wellmann, Steuer-Einnehmer in Reußmarkt	1
	Josef Löw, in Reußmarkt	1
	Michael Benning, Lehrer in Reußmarkt	1
	Michael Hann, Kirchenvater in Reußmarkt	1
	Johann Mieß, Kirchenvater in Reußmarkt	1
	Michael Gestalter, Prodechant in Reußmarkt	1
	Carl Philp, in Reußmarkt	1
	Carl Hendel, Gastwirth in Reußmarkt	1
	Josef Schneider, Pfarrer in Urwegen	1
	Thomas Sturm, Prediger in Urwegen	1
	Samuel Liebhardt, Conrector in Urwegen	1
	Wilh. Schuster, Stadtpfarrer in Broos	1
	Michael Ongerth, Prediger in Broos	1
	Albert Amlacher, Studirender in Broos	1
	Carl Pfaffenhuber, Polizeidirector in Broos	1
	Albert Weber, Kirchenmeister in Broos	1
	Michael König, Stadt-Cantor in Broos	1
	Andreas Maraschki, Conrector in Broos	1
	Andreas Prentner, Riemer in Broos	1
	Eduard Prentner, Riemer in Broos	1
	Josef Schuller, Senator in Broos	1
	Michael Theil, Lehrer in Broos	1
	Josef Prentner, Oekonom in Broos	1
	Friedrich Schelker, Kaufmann in Broos	1
	W. Schuleri, Grundbuchsverwalter in Broos	1
	G. A. Schuller, Orator in Broos	1
	Fr. Joh. Leonhard, Kaufmann in Broos	1
	Albert Leonhard, Kaufmann in Broos	1

Haus-Nr.	**Namen** der **Pränumeranten**	Exemplare
	Friedrich Leonhard, Pfarrer in Rams	1
	Eduard Antoni, Schmiedemeister in Broos	1
	Johann Piringer, Rector in Broos	1

Inhalts-Verzeichniß

Der Name Unterwald.

Das Dorf Großpold im Reußmärkter Stuhle bildet mit seinem Feld- und Waldgebiete die südöstlichte Grenze des Unterwaldes. Der Unterwald erstreckt sich von Broos bis Hamlesch, umfaßt also die drei Stühle Broos, Mühlbach und Reußmarkt nebst der dem Hermannstädter Stuhle einverleibten Gemeinde Hamlesch. Sein Name rührt von der kirchlichen Eintheilung, wornach das damit bezeichnete Gebiet Einen Kirchenbezirk bildete und heute noch bildet, her. - Ursprünglich führte derselbe den Namen Dekanat von Sebus (*decanatus de Sebus*) und umfaßte alle Ortschaften diesseits des Mieresch von Vinz in östlicher Richtung am Zekesch herauf bis nach Hamlesch und Schwarzwasser (*aqua nigra*), das heutige Dorf Szetschel[1]. Den Namen *Sebus*, der sich später in den ungarischen *Sebes*, meist *Zázsebes* und in den lateinischen *Sabesus* umwandelte, hatte das Dekanat aber unstreitig von der in ihren ersten Zeiten *Sebus* genannten Stadt Mühlbach erhalten, welche so ziemlich in der Mitte des Dekanates lag und dessen Hauptort war.

Doch die sich auch in unserem Vaterlande vollziehende große Kirchenreform des sechzehnten Jahrhunderts und die gleichzeitig erfolgende politische Losreißung Siebenbürgens von Ungarn brachte für diese Gegend mit den neuen Verhältnissen auch neue Namen. In Folge davon wurden nämlich von dieser Zeit an bloß die evangelisch gewordenen, sächsischen Ortschaften der beiden Stühle Mühlbach und Reußmarkt als *Capitulum Sabesiense - Autesylvanum* (d.h. als Capitel vor dem Wald) vereinigt und diesem als dem Hauptcapitel das aus zwei evangelisch-lutherischen, sächsischen und drei reformierten, ungarischen Pfarreien bestehende Brooser, nebst dem acht evangelisch-lutherische, sächsische Pfarreien umfassenden Zekescher Capitel unter dem Namen von Surrogatieen untergeordnet[2]. Anstatt des lateinischen „*capitulum*

[1] Vergl. *Szeredai Notitia Capituli Albensis* etc. S 34.

[2] So bezeugt das alte Unterwälder Capitular-Protokoll Band I auf seinem Titelblatt; so auch die *Ordinata Digestio Status evangelicae Ecclesiae* §. 1. V.

antesylvanum“ machte sich im Laufe der Zeit der deutsche Name „Unterwälder Capitel“ geltend und daher hat dies ganze Kirchengebiet den gemeinsamen Namen Unterwald, dessen Bewohner den Namen Unterwälder erhalten.

Ursprüngliche Beschaffenheit des Unterwaldes vor der Ansiedlung der Sachsen.

Soviel zur Erläuterung des Namens, der dem ganzen Gebiete zukommt, dessen südöstlichsten Theil ich zu beschreiben vorhabe. Ueber die Beschaffenheit dieses Gebietes überhaupt und insbesondere des zu beschreibenden Theiles vor der Ansiedlung unserer deutschen Vorfahren läßt sich schon aus den durch die Geschichtsforschung bereits festgestellten Thatsachen ihrer Einwanderung mit großer Gewißheit urtheilen. Man wird daraus den unabweislichen Schluß ziehen müssen, es sei diese Gegend, wenn nicht ganz wüste, mindestens sehr dünn bevölkert gewesen, so daß von einem hier ansäßigen, zahlreichen Volke gar keine Rede sein kann. Ein solches aus seinen Wohnsitzen gewaltsam zu verdrängen, wäre eine Hand voll Einwanderer, die zum größten Theil aus Bauern, Gewerbs- und Handelsleuten bestand, nicht im Stande gewesen. Es gab also hier keinesfalls eine jederzeit fahrbare Landstraße zu betreten. Nicht lachende Wiesen, die des Menschen Hand bereits gerodet und geregelt, nicht segensschwere Felder, die der Pflug bereits durchfurcht, Karst und Haue geebnet hatten, waren hier einzunehmen. Nicht sonnige Rebenhügel geschmückt mit dem grünenden Laube und belastet mit dem durchschimmernden Traubengolde der Rebe erfreuten das umblickende Auge. Nicht erhoben sich wirthliche Häuser, freundliche Dörfer, um den müden Wanderer Ruhe, Sicherheit und Genuß darzubieten, sondern dichtes Rohr und wildes Gestrippe bedeckte meist den sumpfigen Boden in den tiefen Einschnitten der Flußgräben, Distel und Dorn wucherte mächtig auf den kahlen Hügeln neben dem Flore bunter Haideblumen und finsterer Urwald trat dem Ankömmling mit seinen Lagerstätten reißender Thiere sonst überall entgegen, bis er endlich hier und da in meilenweiter Zerstreuung vielleicht auch einen Nomadenhaufen mit seinen Heerden antreffen mochte.

Römische Cultursperiode.

Daß dieser traurigen, wüsten Landesbeschaffenheit indessen in früheren Zeiten eine nicht unbedeutende Cultursperiode vorausgegangen, dafür zeugen theils aufgefunden, theils noch auffindbare Ueberreste und Denkmale derselben. Zahlreiche Dach- und Mauerziegeln mit der Aufschrift *legio XIII. gemina* – d.h. zweite Hälfte der 13. Legion, oder, wie man heutzutage etwa sagen würde: des 13. Armeechores – dann sonstige Alterthümer, als Münzen, Urnen, Mühl- und Denksteine, die sich auf dem hiesigen Gebiete, zuletzt auch in dem Baumateriale des abgetragenen, alten Kirchthurmes gefunden haben, beweisen hinreichend, daß römische Bauten, römische Cultur und Herrschaft hier einstens heimisch gewesen sein müssen. Die im Jahre 1862 durch den Verein für siebenbürgische Landeskunde auf dem linken Bachufer unter dem Birkenrück und in einem Hofe am östlichen Ende des Dorfes veranlaßten Grabungen lassen aus den daselbst vorgefundenen Mauerüberresten und Steinplatten mit Inschriften die Vermuhtung erwachsen, daß sich allhier der Lager- und Wohnplatz einer römischen Colonie befunden habe[3]. Die auf dem sogenannten Küpchen im Jahre 1860 aufgefundenen römischen Silbermünzen führen zu ähnlichem Schlusse[4]. Und endlich deutet auch der in der Grenzausmessungs-Urkunde vom Jahre 1377 erwähnte „Steinweg“, welcher an der Westseite des Großpold und Tetscheln scheidenden Bergrückens hinzog, auf die Anwesenheit römischer Ansiedlungen, die sie durch angelegte Steinstraßen zu verbinden pflegten. Sollten wir aber in dem eben genannten Steinweg die Fortsetzung der vom alten *Apulum* oder heutigen Karlsburg oberhalb Mühlbach im Zekeschthale östlich fortlaufenden Trajansstraße[5] vor Augen haben, so ergäbe sich daraus der Beweis, daß schon die römischen Ingenieure denselben Uebergangspunkt über die den Unterwald abschließende Wasserscheide gewählt haben, der

[3] Der Bericht über diese Nachgrabungen, welche unter der Leitung des Außschußmitgliedes Professor Ludwig Reißenberger geschehen sind, liegt im Manuscript vor und ist dem Verfasser mit freundlicher Zuvorkommenheit mitgetheilt worden.

[4] Jahrbuch der k.k. Centralcommission zur Erforschung und Erhaltung der Baudenkmale. Jahrgang I. 1856, S.14.

[5] Diese unweit der Stadt auf der östlichen Seite bei Mühlbach vorüberziehende Straße heißt dort ebenfalls „der Steinweg“. Die Romänen nannten das betreffende Ried „la Troján“.

auch zu unserer Zeit bei Tracierung einer Eisenbahnstraße von Karlsburg nach Hermannstadt als der beste erkannt worden ist. -

Nicht unerheblich waren mithin die bereits gemachten Fortschritte römischer Cultur und Herrschaft auch in dieser Gegend, allein die furchtbare Fluth der Völkerwanderung, die sich seit dem vierten und fünften Jahrhundert der christlichen Zeitrechnung von Asien aus über Europa ergoß, stürzte Alles über den Haufen. Unter ihrer Wucht fielen zuerst die ihr hier entgegenstehenden Bollwerke der Kultur in Trümmer; ja! Es dürfte sich kaum noch ein zweites Land Europa´s finden, welches durch sie gleich unserem Vaterlande verheert und verwüstet wurde. Fast ein volles Jahrtausend haben sich deren verderbliche Wogen hier auf- und abgewälzt und also vernichtend war deren Wirkung, daß bis zur Einwanderung der deutschen Gäste nicht nur die Wohnplätze und Culturswerke der einstigen Bewohner des Landes aus dem Lichte des Tages, sondern auch deren Namen aus dem Gedächtnisse der Menschen hinweggespült waren.

Jenseits des Unterwaldes oder einstigen Dekanates von Sebus, dicht an dessen östlicher Grenze war, wie es in der ältesten Schrift über die Hermannstädter Probstei vom Jahre 1192-96 zweifellos bezeugt wird[6], eine völlige Wüste, das sogenannte *„desertum de Cibinio“* entstanden. Daß also auch das dieser Wüste unmittelbar angrenzende Gebiet in keinem blühenden Zustande gewesen sein mochte, liegt auf der Hand. Ein Sprung kann hier ebenso wenig Statt finden, wie in der Aufeinanderfolge der Jahreszeiten. Zwischen der Wüste von Hermannstadt und den bis an den Mieresch reichenden Vorposten der ungarischen Herrschaft über das Land erstreckte sich der Unterwald als Halbwüste. Auch die Begründer von Großpold kamen daher gewiß nicht in´s Fertige. Die deutschen Namen, welche sie, wie es die nachfolgenden ältesten Gemeinde-Urkunden darthun werden, den Bergen, Fluren und Flüssen gegeben haben, beweisen, daß sie nicht einmal ortsübliche Benennungen vorfanden. Ja! der Boden, den die Vorfahren hier einnahmen und auf ihre Nachkommen vererbt haben, ist durch deutsche Taufe, deutschen Fleiß, deutsche Kunst und Tapferkeit seiner damaligen Verwüstung entrissen, gegen feindliche Anfälle vertheidigt, und der gegenwärtigen Cultursperiode zugeführt worden!

---

[6] Urkundenbuch zur Geschichte von Siebenbürgen, Band I. S. 4.
G.D. Teutsch, Geschichte der Siebenbürger Sachsen S. 16

Zeit der Ortsgründung.

Mit der Aufsuchung und Bestimmung des Zeitpunktes, in welchen die Gründung des Ortes fällt, will ich mich nicht befassen. Genaue, unumstößliche Urkundenberichte über das Jahr der verschiedenen Niederlassungen und Ortsgründungen haben sich bisher noch keine auffinden lassen. Daß sie fehlen, kann uns auch nicht wundern. Die junge Colonie mußte nämlich von Anfang an theils durch die heimischen Kämpfe innerhalb des Königshauses, theils durch das Anstürmen der benachbarten Stämme manche schwere Erschütterung leiden. Dazu kamen überdies noch vor dem Ablaufe des ersten Jahrhunderts der neuen Ansiedlung der sich vom Osten her über Europa ergießende Mongoleneinfall. Seine Wogen überströmten die jungen Pflanzungen im Hin- und Rückzuge und mögen mit den ersten Werken auch deren erste schriftliche Urkunden zerstört haben. Die neuliche Abtragung des alten evangelischen Kirchthurms bis in den Grund hat zur Erforschung seiner Erbauungszeit auch nichts beigetragen. Noch war in jenen Tagen die jetzt übliche Legung von Grundsteinen mit darin wohlverwahrten Schriften über die Zeit und Umstände der Erbauung nicht üblich. Nach seiner sogenannten romanischen Bauart zu schließen wird man indessen die Erbauungszeit nach dem Urtheile sachverständiger Fachmänner bis in das dreizehnte oder auch zwölfte Jahrhundert zurückrücken dürfen. In diese der Einwanderungszeit nächste Nähe weisen die ältesten Kirchen- und Thurmbauten auch sonst. Und ob auch die bestimmten Jahre der einzelnen Niederlassungen nicht genau zu ermitteln sind, so steht wenigstens soviel über allen Zweifel erhaben fest, daß die „deutschen Gäste oder Völker" Siebenbürgens, die auch mit dem Namen „Flandrenser" dann später mit dem Namen „Sachsen" in den ältesten Schriften bezeichnet werden, von König Geysa dem II. in das Land gerufen wurden und größtentheils während seiner Regierungszeit 1141 bis 1161 eingewandert sein dürften. Das beweisen schon mehrere auf die den Sachsen bewilligte Handelsfreiheit bezügliche Urkunden, worin sich die spätern Könige auf das von ihrem Vorfahren Geysa ihnen gegebene Privilegium berufen[7].

[7] Vgl. J. A. Grimm „Die politische Verwaltung im Großfürstenthums Siebenbürgen" Band III. S. 9. Urkunde von 1435, und weiter unten 1441. Dazu kommt im Mühlbächer Stadtarchiv ein Freibrief von König Sigismund 1419 Lit. F. Nr. 30. Ferner ebendaselbst eine Urkunde von König Albert v. J. 1438. Lit. F. Nr. 30 und von König Mathias aus dem J. 1481 Lit. F. Nr. 30.

Insonderheit wird es aber bestätigt durch dendie Grundrechte der sächsischen Nation erneuenden und feststellenden Freibrief des Königs Andreas II. vom Jahre 1223, worin ausdrücklich steht, daß die Sachsen von seinem Großvater Geysa dem II. zur Ansiedlung gerufen worden waren[8]. In jene Zeit der Ankunft und Ansiedlung muß also selbstverständlich auch die Gründung der meisten Ortschaften fallen.

Davon könne namentlich die Ortschaften des Unterwaldes eine Außnahme nicht machen; denn ist um jene Zeit die hinter denselben liegende Wüste von Hermannstadt durch die Colonisten besetzt worden, so mußte wol auch der Weg dahin, wenn nicht früher, wenigstens gleichzeitig besetzt werden. Dazu kommt, daß der oberwähnte Freibrief des Königs Andreas dieses Gebiet ausdrücklich erwähnt. Ebenso werden in der Hermannstädter Probstei betreffenden Urkunde vom Jahre 1192-96 außer den in der Wüste angesiedelten Flandrensern auch Andere unter dem Bischof von Weißenburg gehörige genannt, welchen die Unterwälder mitzurechnen sind. Endlich deuten aber auch die nun nachfolgenden ältesten schriftlichen Nachrichten darüber darauf hin, daß die beiden „Polden“ schon frühzeitig entstanden sein und zu den hervorragendern Orten dieser Gegend gehört haben dürften.

Aelteste, urkundliche Nachrichten über Großpold, 1288.

Zuerst erscheint nämlich schon im Jahr 1288 „Paulus, Dekan und Pfarrer zu Apold“ in einem Streite, welchen das Albenser Capitel wegen des Zehntens im Distrikte Ugacha (Ugocsa) mit dem Magister Kopoz führte, als Zeuge[9]. Im Jahre 1289 befand sich der König Ladislaus zu Unterpold und gab daselbst eine Schrift heraus, wodurch der Bischof Petrus wieder in den Besitz seiner Güter zu Klausenburg und Weißenburg eingesetzt wurde[10]. Die Witwe des ohne männliche Erben verstorbenen Grafen Arnold von Apold wird im Jahre 1292 bewilligt, ihre Besitzung

[8] Urkundenbuch zur Geschichte von Siebenbürgen, Band I. S. 28. Urkunde XXXVIII. Geschichte der Siebenbürger Sachsen von Dr. G.D.Teutsch, Band I. S38 pp.

[9] Ebendaselbst S. 145. Urkunde CXLIX.

[10] Ebendaselbst S. 146. Urkunde CL.

Enyed , die der Gatte durch Schenkung von König Stefan empfangen hatte, gemäß der den Sachsen verliehenen Freiheit an ihre Töchter und ihren Eidamm Christian, den Sohn Ludwigs zu übertragen[11]. In den zwischen dem siebenbürgischen Bischofe und den sächsischen Pfarrern im Jahre 1309 vor dem päpstlichen Ablegaten Gentilis begonnen Zehntprocesse erscheint einmal Pleban Bencius von Apoldia, in einer zweiten Urkunde Rembertus von Oberpold und in einer dritten Romuetus ebenfalls von Oberpod[12].

Deuten schon diese Nachrichten darauf hin, daß Großpold bereits frühzeitig eine hervorragende Stellung eingenommen haben dürfte, so wird diese Vermuthung nunmehr zur Gewissheit durch die Nachricht in den Rechnungen des päpstlichen Collectors Rufinus vom Jahre 1317-1320, woraus hervorgeht, daß die Einkünfte von Apoldia gleichwie in dem bekanntlich hervorragenden Kelling im Unterwalde ebenfalls auf 40 Mark feinen Silbers geschätzt waren, während um dieselbe Zeit die Einkünfte von Hermannstadt mit 36, von Werd mit 6, von Holzmengen mit 10 Mark berechnet wurden[13].

Grenzstreit mit Johann Compa 1354.

Diese Nachrichten, nebst der Anführung des Plebanen von Oberpold in dem zwischen Dekanate Sebus und dem Albenser Capitel im Jahre 1330 geschlossenen Vergleiche wegen der Abgabe an den Bischof,[14] worin Joannes als Pleban von Oberpold verkommt, bilden die ersten historischen Lichtpunkte des zu beschreibenden Ortes. Hellere Strahlen durchbrechen das nächtliche Dunkel der Vorzeit erst seit der zweiten Hälfte des vierzehnten Jahrhunderts herwärts. Zunächst ist es eine königliche Entscheidung vom Jahre 1354, die der Gemeinde ein ihr entfremdetes Gebietstück zuspricht und uns dadurch über die südöstliche Ausdehnung ihrer Feldmarken in's Klare setzt. Gleichwie nämlich anderwärts im unbevölkerten Lande reich und mächtig gewordenen

[11] Ebendaselbst S. 180. Urkunde CLXXXIV.

[12] Fejèr Cod. Diplom. Tomus VIII. Vol. I. S. 41, 47, 69.

[13] Ebendaselbst Tom. VIIII. Vol. 2. S 101 pp.

[14] Szeredai Nototia Capituli Albensis S. 34 (s. Note 1)

Familien sich bald größere Theile des Ortgebietes, bald die ganzen Dörfer anzueignen trachteten und hier geringere, dort größere Erfolge erzielten, so war es auch hier geschehen. – Johann Compa hatte sich ein ansehnliches Gebietsstück des Dorfes der südöstlichen Grenze zugeeignet. Dagegen trat nun Graf Johann von Oberpold in seinem und aller Gäste Namen als Kläger auf, um diese Thatsache der Gewalt durch Herstellung des Rechtes zu beseitigen. Etwas Leichtes war solche Aufgabe, wie wir bald sehen werden, auch dazumal nicht. Obwohl nämlich die Großpolder den Befehl der Rückstellung dieses entrissenen Gebietes von der königlichen Majestät erwirkt hatten, obwohl demzufolge eine nach dem damaligen Rechte gemischte, geistliche und weltliche Commission auch die Grenzmarken oder Hatterthaufen aufgerichtet hatte, obwohl darüber auch eine rechtsgültige Schrift verfaßt worden war, mußte Graf Johann mit dieser Entscheidung dennoch zuerst vor dem Vice-Woywoden Stefan erscheinen, dann mit dessen Bestätigung abermals vor das Capitel gehen, um sie, wie es darin heißt, in die Form einen gültigen, gesetzliches Ansehen besitzenden Privilegiums fassen zu lassen. Das Albenser und später auch das Koloscher Capitel waren aber damals gleichsam die Landeskanzlei, wo alle wichtigeren Schriften, theils verfaßt, theils abgeschrieben und zum besseren Rechtsschutze auch aufbewahrt wurden. Bei dem Ersteren ward also die Bestätigung des Woywoden auf Pergament ausgefertigt, mit dem an einer Seidenschnur hängenden Capitularsiegel in Wachs abgedruckt versehen und dann erst der Gemeinde überbracht, um von ihr als Grund- und Eigenthumsbrief besorgt und bewahrt zu werden bis auf den heutigen Tag[15].

In dieser älthesten Eigenthums-Urkunde steht also geschrieben: „Es bestättige der Vice-Woywode Stefan, daß Graf Johann von Oberpold vor ihm erschienen sei und einen Brief des Capitels vorgelegt habe, wornach der Notär Magister Nikolaus laut Zeugniß desselben Hochwürdigen Capitels in Person seines Oberpredigers Magister Petrus von Enyed am dritten Tage nach dem Sonntag Occuli ein gewisses, von Johann Compa unrechtmäßig eingenommenes Gebiet der Oberpolder auf Befehl ihres Herrn des Königs in Gegenwart der ordnungsmäßig herbeigerufenen Nachbarn mittelst Aufrichtung neuer Hatterthaufen ohne Jemandes Widerspruch dem Volke der genannten Gemeinde so, wie sie dasselbe bereits früher zu eigen gehabt und besessen hätten, zurückgestellt habe, damit sie ihr Recht und die Freiheit des

[15] Urkunde im Gemeinde Archiv, Fasc. I. Nr. 1.

Hermannstädter Stuhles behalten möchten. Die Grenze des rückgestellten Gebietes fange bei der die drei Ortsgebiete von „Omlás, Ethelleu und Felapold“ scheidenden Grenzmarke an, ziehe von da aus über einen Berg, wo ein Weg sei und an passenden Stellen elf Hatterthaufen seinen errichtet worden und gehe bis zu einem anderen großen Berg, welcher die Ortsgebiete von „Nagyfalu (Szelstje) Ethelew und Felapold“ unterscheide. Pflichtgemäß habe daher der Woywode das strittige Gebiet dem die Oberpoldner vertretenden Grafen Johann zuerkannt und ihm das offene Schreiben darüber ausgefolgt.“ Dieses wegen seiner Unversehrtheit vollgültige Schreiben ließ nun das Capitel von Wort zu Wort abschreiben, um es der gerechten und gesetzlichen Bitte Johanns entsprechend, an denselben zu übergeben.

Damit schien der wahrscheinlich nicht nur lästige, sondern auch kostspielige Streit glücklich beendigt zu sein und sicherlich war der Tag, an welchem die ersehnte Eigenthumsschrift von Weißenburg ankam und den Vätern der Gemeinde vorgezeigt wurde, ein großer Festtag der Freude. Allein so einfach, leicht und schnell konnte ein Grenzstreit selbst damals noch nicht zu Ende gehen, als es nicht nur an dem Stande der Advokaten und deren Vortheil ganze Folianten über einen Prozeß zu schreiben, sondern an dem billigen Materiale dazu auf Erden noch mangelte. Der Befehl des Königs, die Entscheidung der Kommission, die Bestätigung des Woywoden und die Authentisirung des Capitels hatte man zwar mit Mühe und Kosten allerdings in die Gemeindelade schriftlich hereingebracht, aber der strittige Grund blieb, wie es aus dem Nachfolgenden hervorgehen wird, noch lange Zeit in den Händen des unrechtmäßigen Okkupanten. Nicht wenig hatten die Vertreter der Gemeinde nochmals zu laufen, zu bitten und zu verkosten, bis das geschriebene Recht des Pergamentes endlich 1377 auch zum wirklichen wurde.

Ein zweiter Grund- und Eigenthumsbrief der Gemeinde[16] vom Jahre 1377 belehrt uns, daß König Ludwig über Ansuchen der Senioren, Richter und aller Sachsen der sieben Stühle durch die Grafen Andreas von Burgberg (Borberek), damaligen Richter der Stühle Reußmarkt, Mühlbach und Broos, und Johann von Agnetheln, damaligen Richter zu Schenk im Jahre 1376 den Befehl wiederholt: es solle das von Compa okkupierte Gebiet im Beisein und unter Mitwissen des Hochwürdigen Herrn Bischofs Goblinus und des edeln Herren Kastellanen der Landskron Johann von

[16] Ebendaselbst im Gemeindearchiv Fasc. I. Nr. 2.

Scharpenck der Gemeinde Oberpold zurückgestellt und wieder einverleibt werden. Die Ausführung wird der sächsischen Nationsuniversität aufgetragen. Nachdem hierauf die obgenannten Grafen als die Vertreter der Oberpolder mit diesem königlichen Auftrage vor den sieben Richtern erschienen, entsandten diesem dem gerechten Ansuchen derselben Gehör gebend und zwar mit Wissen und Willen des Hochwürdigen Bischofs und des edlen Kastellanen ihre weisen Herrn Aeltesten, Adalbert von Großscheuern, den Vater des genannten Bischofs, Graf Janus von Hermannstadt, Richter desselben Stuhles, Graf Andes von Burgberg, den obenerwähnten, Graf Mathias von Unterpold und ihren Notär, Magister Sifridus zugleich mit Petrus dem Pleban von Krako und Subcustos der siebenbürgischen Eklesie als Vertreter des Capitels und mit Johann Bachritter, dem Vice-Castellan der Landskron als Stellvertreter des Castellans Scharpenek an Ort und Stelle des strittigen Grundes, damit die Erstgenannten in Gegenwart der Letztgenannten als Zeugen des Capitels und des Castellans die Nachbarn nach herkömmlichem Brauch herbeirufen, die Grenze begehen, an schicklichen Stellen neue Grenzmarken aufwerfen und das betreffende Gebiet nach dem Auftrage des Königs den Bewohnern von Oberpold übergeben und zurückstellen möchten.

Diesem erhaltenen Auftrage entsprachen die Genannten dadurch, daß sie schon am vierten Tage vor Mariä Reinigung nach Oberpold kamen, daselbst bis zum dritten Tage verweilten und alle Nachbarn nach Recht und Gewohnheit berufen ließen. Am Vortage des berührten Festes begaben sie sich alsdann sammt dem Subcustos und Johann Bachritter hinaus an Ort und Stelle und überantworteten das bezügliche Gebiet in Gegenwart der Nachbarn, ohne Jemandes Widerspruch in den Besitz der Oberpolder so, wie sie es bereits vormals besessen hätten. Die Grenzen des Gemeindegebietes wurden nämlich also festgestellt und mit neuen Hatterthaufen bezeichnet.

„Man begab sich zuerst an denjenigen Platz, wo die drei Ortsgebiete von Hamlesch, Tetscheln und Großpold aneinander grenzen. Von diesem Punkte aus schritt man dann zunächst zwischen Ackerländern auf demselben Bergrücken gegen Mittag fort, stellte an den entsprechenden Stellen neue Grenzhaufen her bis zu einem Berge mit Brombeergesträuchen, in deren Nähe die Capelle des heiligen Bekenners Jndocus befindlich war. An diesem Berge stieg man durch das Gesträuch bis zur Spitze hinauf, wo ebenfalls ein Grenzhaufe errichtet ward. Dann ging man abwärts zu den Wiesen, welche sich am Halse des Berges befinden und errichtete neben dem dortigen Fußsteig abermals einen Grenzhaufen. Darnach wurde der Fußsteig überschritten und an dem sogenannten „Steinweg“ entlang in grader Richtung mit jenem Wege zum Walde gestiegen und vorwärts gegangen bis zu einem großen Berg, gewöhnlich „Hunisperg“ (Hundsberg) genannt, an dessen Fuße abermals ein Grenzhaufen aufgeworfen ward. Von diesem stieg man mittagswärts bis zu dem Gipfel des Berges, wandte sich auf dem Rücken des Berges eine Zeit lang gegen Abend und stieg dann wieder in südlicher Richtung hinab bis zum Fluße Schwarzbach, wo am Fuße des Berges der letzte steinerne Grenzhaufen an der Seite des genannten Flußes und zwar eine Steinwurf oberhalb des Platztes, an welchem der andere Telscha genannte Fluß sich von der entgegengesetzten Seite in den Schwarzbach ergießt“.

Hiermit ward also der böse Streit erst endgiltig ausgetragen und dadurch die erste, uns bekannte, große Sorge der Gemeinde glücklich beseitigt. Sie versäumte nicht, dem über diese Grenzvermessung zunächst von der sächsischen Universität ausgefertigten Grundbriefe vom Jahre 1377 im folgenden Jahre auch die vom Capitel nach dem Zeugniß seines erwähnten Vertreters bei der Grenzkommission ausgestellte im Ganzen gleichlautende Besitz-Urkunde beizufügen[17] und beide im Gemeindearchiv zum bleibenden Gedächtniß zu verwahren.

Die Gründung des Dorfes Roodt 1419.

Aber nur kurze Zeit ließ eine neue Sorge auf sich warten. Das Eigenthumsrecht bis an den Schwarzbach war hergestellt und gesichert, nun wollte man von dem so weit reichendenden Gebiet auch Nutzen ziehen. Da begab sich - so erzählt uns die Handschrift vom Jahre 1419[18] - der Comes Paulus von Oberpold sammt dem Hannen Stefan Servatius von ihrem, sowie auch der Aeltesten und der ganzen Ortscommunität Namen vor die Löblichen Nationsuniversität und erklärten daselbst: sie hätten vor geraumer Zeit an einem Platze nahe bei Tilischka ein wallachisches, wohlgelegenes und gutgebautes Dorf gehabt, welches aber gegenwärtig

[17] Urkunde im Gemeinde-Archiv Fasc. I: Nr. 3.

[18] Ebendaselbst Fasc. I. Nr. 4 a.

ganz entvölkert sei. Da nun einige Wallachen bereit wären, diesen Ort unter der Bedingung ihrer Einwilligung und Oberhoheit wieder aufzubauen, so bäten sie im Namen der Gäste und Bürger von Oberpold, man möchte ihnen zur schicklichen Wiedererlangung dieses Vortheils behilflich sein.

„Ihre gerechte Bitte wohlerwägend ertheilten ihnen die Richter, Grafen und geschworenen Consuln der sieben Stühle in Anbetracht der Dienste dieser Menschen die vollgiltige, unbeschränkte Freiheit, jenen Ort wieder aufzubauen und zu besitzen mit dem ganzen Gebiete. Dabei wurde jedoch daran ausdrücklich erinnert, daß die diesen zum Distrikte der sieben Stühle von Alters her gehörenden Ort besitzen wollenden Wallachen nach Art der Anderen unter dem Schutze und im Distrikte der sieben Stühle wohnenden Wallachen zur entsprechenden Zeit und Gelegenheit dienen, ihre Abgaben und Steuern zahlen, unter dem Schutze und Regimente der Universität stehen müssen."

Also haben die Väter damals - die Urkunde nennt zwar keinen Namen, aber es muß wohl das heutige Roodt sein - auf ihrem Grund und Boden eine Gemeinde zu ihrem eigenen Vortheil gegründet. Zur desto größern Sicherung des Eigenthums- und Herrschaftsrechtes wurde außer der Originalurkunde auch noch einen beglaubigte Abschrift mit dem aufgedruckten Provinzialsiegel von der Universität herausgenommen.[19] Von dem darin liegenden Keime den den Nachkommen einst daraus erwachsenden schweren Sorgen und Kämpfe haten sie gewiß keine Ahnung.

Wir dürfen und wollen sie daher auch nicht beschuldigen. Ihre Rührigkeit das Gemeinde-Eigenthum zu schützen und zu benützen ist vielmehr eine rühmenswerthe. Gerade um diese Zeit ließen sich aus weiser Fürsorge ihren Eigenthumsbrief vom Jahre 1377 angeblich seines Alters wegen durch die Universität erneuern,[20] und in demselben Jahre 1424 auch durch König Sigismund bestätigen[21].

---

[19] Ebendaselbst Fasc. I. Nr. 4 b.
[20] Ebendaselbst Fasc. I. Nr. 5.
[21] Ebendaselbst Fasc. I. Nr. 6.

König Sigismunds Lob der Großpolder. 1424.

Und welch einehrendes Zeugniß ist der Gemeinde in dieser letzten Bestättigung gesetzt worden für alle Zeiten! Also spricht des Königs Mund nämlich am Schluße derselben: „In Erinnerung und Berücksichtigung der treuen Dienste, welche die genannten Sachsen der erwähnten Gemeinde Oberpold unter den übrigen Sachsen der sieben Stühle unsrer Majestät geleistet, indem sie nach Maaßgabe ihrer Kraft den feindlichen Einfällen der Türken und andrer Schismatiker, welche denselben anhängen, männlich Widerstand leisteten und sich für die Hebung unseres königlichen Ansehens den Unfällen des Geschickes im Kampfe aussetzten, in Berücksichtigung ferner der durch diese Einfälle ihnen verursachten Wirren, Bedrängnisse und Schrecken verbunden mit schweren Verlusten und Nachtheilen, wünschen wir denselben unser königliches Wohlwollen und unsere Gunst zu erweisen, damit sie durch diese unsre Erwiederung und Vergeltung ermuntert auch fortan unserm königlichem Dienste um so mehr geneigt und treu ergeben seien!"

So sprach dereinst des Königs Mund
Dir zu das Recht auf deinem Grund.
Durch deiner Väter Heldenruhm
Ward er verdientes Eigenthum!

Erster Grenzstreit mit Tetscheln, 1428.

Kaum waren indessen drei Jahre vorüber, seit dies königliche Lob ausgesprochen worden und damit zugleich die Bestättigung der Gebietsgrenzen erfolgt war, als es schon wieder einen neunen Streit mit den Tetschlern auszufechten gab. Ein am vierten Tage vor Georgi im Jahr 1428 ausgefertigter Brief[22] der Richter und geschworenen Bürger der sieben Stühle berichtet, das Comes Albul bei Gelegenheit seiner Rückreise mit den königlichen Boten von „Kienino" (wahrscheinlich Kinyen) öffentlich vor ihnen bekannt habe: „es sein ihm auf seiner Durchreise durch Hamlesch eine zwischen den Operpoldern und den zu Hamlesch

[22] Ebendaselbst Fasc. I. Nr. 7.

gehörenden Wallachen von Tetscheln schwebende Streitsache wegen eines Stücke Grund neben dem Fluß und der Steinmühle kund gemacht worden. Auf Bitten beider Parteien habe er daher einen eigenen Vertrauensmann, nebst Männern von Doborka und Unterpold zur Erforschung der Wahrheit an Ort und Stelle abgeschickt. Diese haben nun außer ihrer Mittheilung an den Grafen Albul zu Hermannstadt in Gegenwart der Richter und Geschworenen einstimmig erklärt, daß die Gäste und Bürger von Oberpold längs ihrer Grenze viel Unrecht und Schaden von den Testschlern erleiden und das die Letztern auf den obberührten Grund kein Recht hätten. Darum habe er (Albul durch seinen Vertrauensmann) denselben nach Erfordernis der Gerechtigkeit den Oberpoldern in ihrer Gegenwart zugesprochen und den Tetschlern bei Todesstrafe, Augenverlust und Wegnahme aller Güter verboten, die Gebietsgrenzen zu übertreten, die Universität aber ersucht, diesen seinen Spruch in einer Schrift aufzunehmen, damit derselbe unabänderlich befolgt werde." Damit fühlte sich jedoch die Gemeinde noch nicht ganz beruhigt. Ihr Abgesandter, der Ehrsame Johann Olah, wird im Namen aller Sachsen des Ortes vor das Capitel geschickt, um die von König Sigismund erhaltenen Besttätigung nochmal sin Abschrift nehmen und gesetzlich ausstellen zu lassen.[23]

Der Kauf von den Brüdern Kerek 1456.

So hatten also die Vorfahren oft und oft ihr Eigenthum nach außen nicht nur gegen feindliche Einfälle, sondern auch gegen diese nachbarlichen Angriffe zu wahren. Zu diesen äußern gesellten sich aber mitunter auch noch innere große Gefahren für das Gemeinde-Eigenthum und selbst für die Gemeinde-Freiheit. Trotz der feierlichsten Königsbriefe gegen die Festsetzung adliger Geschlechter mit Adels-Vorrechten innerhalb der sächsischen freien Ortschaften, welche um jene Zeit öfters erlassen wurden, stößt der Geschichtsfreund dennoch bald hier, bald da auf einzelne Ausnahmen. Auch in Oberpold hatte sich um diese Zeit eine mächtige Familie festgesetzt und besaß außer ihrem Haus und Hof in der Gemeinde ein ansehnliches Ackergebiet, zwei Joch Weingarten auf dem **„Gaypberg und Bachoff"** und $^{1}/_{12}$ Mühlenanteil an dem Schwarzbach als

---

[23] Ebendaselbst Fasc. I. Nr. 8.

Eigenthum. Das war für eine freie Bürgergemeinde ein unerträglicher Stein des Anstoßes. Ihn zur rechten Zeit zu beseitigen, mußte Rath geschaffen werden. Da legten denn die Väter der Gemeinde bei Zeiten einen Nothpfennig im Gemeinsäckel bei Seite und als endlich der Tag kam, daß die beiden Brüder Johann und Ladislaus von Kerek ihr obgenanntes Haus und Gut verkauften, da gingen die beiden geschworenen Aeltesten Christian Hungar und Johann Henkel im Namen der ganzen Gemeinde nach Hermannstadt und machten daselbst vor Petrus Molner als Stellvertreter des Bürgermeisters Oswaldus und vielen anderen Rathsherrn und geschwornen Bürgern einen rechtskräftigen Kaufvertrag im Jahre 1456, wornach die Gemeinde den Verkäufern 26 Gulden vollen, gesetzlichen Gewichtes auszahlte, diese dagegen sich verpflichteten, den Käufer gegen jegliche Störung in dem gekauften Eigenthum auf ihre Kosten zu vertheidigen.[24] Und doch sollt´ Heldenthat, sollt´ ausgezahltes Gold nicht fest genug begründen eines Eigenthumes heilig Recht?

Der Grenz-Vergleich mit Dobring 1462.

Um dieselbe Zeit gab es auch mit den benachbarten Brüdern von Dobring eine Grenzangelegenheit zu berichtigen. Das wurde aber - wie es Recht und Gerechtigkeit liebenden Männern wohl geziemt - in einem friedlichen Vergleiche schnell und leicht abgethan. Daher bedurfte es weder königlicher Befehle, noch Woywodaler Bestättigung, noch richterlichen Spruches, noch theurer Abschriften durch die Capitels-Kanzlei, sondern man schlichtete und richtete unter einander, was Recht war. „Am 14-ten December im Jahre der Geburt Christi 1462 traten“ - wie uns der öffentliche Notär Nikolaus Leuthner mit breiter Umständlichkeit beschreibt- „im fünften Jahre des Pontifikates Seiner Heiligkeit Papst Pius II. unter der Regierung des allergnädigsten Fürsten und Herren Friedrich im zehnten Jahre seiner Krönung zum römischen Kaiser, zu Mittag in der Stube des Hans Gaßner, im Markte Reußmarkt, in seiner und der unten beschriebenen Zeugen Gegenwart zusammen einerseits die Ehrsamen und vorsichtweisen Herrn Richter und Aeltesten von Großpold (*Apoldia major*) Namens Claus Henkil, Simon Scheuer, Petir Schuster und anderseits von

[24] Ebendaselbst Fasc. I. Nr. 9.

Dobring (Dobirkov) Valtin Kunrad, Clauß Korsen, Valtin Swobin im Namen ihrer Gemeinden, um ihren nicht geringfügigen Streit bezüglich des Flußes Apoldia, der in den Thälern der Berge Hochkirchholz herabkomme und das Dorf Floßaue durchfließe, daselbst zu begleichen. Als Erfolg dieses Vergleichs ergab sich, daß die Dobinger nach reiflicher Erwägung von freien Stücken im Sinne, nach dem Willen und mit Beistimmung der ganzen Gemeinde erkannten und erklärten: der genannte Fluß gehöre seiner natürlichen Richtung gemäß zu Großpold, müsse dasselbe berühren und folglich dessen Eigenthum sein. Auch fügten sie dieser Erklärung noch bei: daß sie diese Richtung des Flußes weder mittelbar, noch unmittelbar behindern, ihr weder mit dem Worte noch mit der That jemals entgegentreten, sondern auch alle ihre Nachkommen zu Befolgung ihres heutigen Gelübdes verpflichten wollten. Solches geschah in Gegenwart des Reußmärkter Königsrichters Niclas Nasner, des Stuhlrichters Hans Heltner, dann der beiden Pfarrer Clemens von Reußmarkt und Stefan von Kleinpold, des Lehrers Peter von Kleinpold und der berufenen zwei Zeugen Simon Carpener und Michael Werner".

So sollen redliche Männer allezeit unter sich selbst ausmachen, was recht und wahr ist, ohne weiter zu hadern ein Bruder gegen den Andern. Aber fast müssen wir vermuthen, daß dieser gute Geist später eingeschlafen oder ganz verloren gegangen war, falls nicht zur Vorsicht und Gewohnheit, oder ein höherer Befehl die Großpolder veranlaßt hat, diesen Vergleich durch den Hermannstädter Königsrichter, Mathias Armbruster, dem Budenser Capitel zur glaubwürdigen Abschrift und danach dem König Ludwig II. zur Bestättigung vorzulegen, welche Bestättigung am zweiten Tage der großen, oder der Charwoche im Jahre 1525 erfolgt ist und dieser Erwähnung seines Inhaltes als Grundlage gedient hat.[25]

Verfall des Unterwaldes.

Hundert Jahre tiefen Dunkels folgen diesem Vergleiche. Kein einziges schriftliches Denkmal - außer der soeben erwähnten Bestättigung ist in dem Gemeinde-Archiv vorhanden, um uns von den Begebenheiten

[25] Ebendaselbst Fasc. I. Nr. 10. a.

eines so langen Zeitraumes etwas zu sagen. Ist das ein bloßer Zufall? Oder mangelte es soganz und gar an wichtigern Vorfällen? – Keines von Beiden! Die wahre Ursache davon liegt nach meiner Meinung in dem damaligen Verfalle der sächsischen Macht und Blüthe im Unterwalde. Schon unter König Mathias waren einzelnen sächsische Stühle an die Großen des Reiches verpfändet und die seit den immer häufigern Türkeneinfällen verarmte Nation zu deren Loskaufung verpflichtet worden. Ihr Handel durch die fortwährenden Kriege bald mit den Türken, bald mit Oesterreich tief erschüttert, lag schwer danieder. Der westliche Theil des Unterwaldes, Broos mit seinen sächsischen Ortschaften war in Schutt und Asche gesunken, und auferstand nach der Reformation nicht mehr als eine rein sächsische Stadt. Den Zehnten von ihrem Gebiet bezieht fortan ihr erster ungarischer Pfarrer. Mühlbach seufzt von 1464 bis 1476 unter den Fesseln, die der Stadt sammt dem Stuhle, durch dessen Versatz an den Feldherrn und Woywoden Johann Pongraz auf- und angelegt worden waren. [26] Nur mit Waffengewalt kann die Witwe des Mächtigen endlich aus dem eingenommenen Sitze vertrieben werden.[27] In welcher Lage mag sich da auch Reußmarkt mit seinen Stuhlortschaften als östliche Flanke des so schwer zerrütteten Unterwaldes befunden haben?

Die gewaltige Veränderung der Dinge, wie sie auch unsere nachfolgende Ortsgeschichte zum Theil beurkundet, wird uns darüber einigen Aufschluß geben. Soviel läßt sich darüber schon im Voraus sagen, daß wir neuen Namen und Verhältnissen begegnen werden. Anstatt der in den ältesten Urkunden sogenannten „Ruhe- oder Ruzmark“ treffen wir fortan in den Urkunden häufig ein ungarisch getauftes Szerdahely, oder aus *Miercure* latinisirtes *Mercurium*. Selbst das geistliche Capitularsiegel soll eine Zeitlang die *Umschrift “Capitulum de Szerdahely“* geführt haben. Die frühern, reichen Sachsengeschlechter sind entweder ausgestorben, oder zum ungarischen Adel übergegangen. Der Nachbarort Tetscheln – bisher zu Hamlesch gehörig – ist ein Eigenthum ungarischer Edelleute geworden. Anstatt der sieben Richter und deren Commissären entscheidet das fürstliche Landesgericht unsere Gebietsprozesse. Ungarische Commissäre begehn die Grenzen, ungarische Advokaten vertheidigen die Sachsengemeinde gegen die ungerechten Angriffe der benachbarten, neuen ungarischen Gutsbesitzer.

---

[26] Mühlbächer Stadt-Archiv Lit.C. bei Schlözer S. 66.

[27] Urkunde im National-Archiv Nr. 388. Kemény Notitia Cap. Alb. S187.

Erster Grenz-Prozeß mit Tilischka 1563.

Den ersten Grenzstreit zwischen Tilischka und Großpold entschieden zwar am 8-ten Dezember des Jahres 1563 die Richter, Rathsgeschwornen und Aeltesten der sieben und zwei Stühle sammt Kronstadt und Nößen gleichwie vordem, weil nämlich die sächsische Nation das Grundherrnrecht über Szelistje und Tilischka besaß und ausübte. „Das Wiesenerb, welches an Tilischka stößt und in der schwarzen Bach genannt wird, muß, da der gegen den klagenden Knesen Dan Govosga auftretende Ehrsame Michael Kneyer, Hann zu Oberpold, die Hattertgrenzen dieser Gemeinde durch den Grundbrief vom Jahre 1377 ganz unzweifelhaft dargethan hat, um göttlicher Gerechtigkeit willen diesen zugesprochen und Kläger mit seinem Anspruch abgewiesen werden.“ [28]

Zweiter Prozeß mit Tetscheln beendigt 1569.

Dagegen wird der mit Tetscheln neu ausbrechende Grenzstreit um so gefahrvoller und kostspieliger für die Gemeinde. Die aus dem fürstlichen Landgerichte mit dem Protonotär Valentin Földvári an ihrer Spitze auf Verlangen der Großpolder entsandte Reambulations-Commission muß zwar auf Grund des ihr vorgelegten Sigismundischen Grenzbriefes die alten Grenzen bestättigen. Ein einziger Knes von Tetscheln wagt es im Namen des Nicolaus Forro beim fünften Hatterthaufen Einsprache zu erheben. Auch er wird jedoch vom Prokurator der Großpolder, Johann Bathay schon deshalb abgewiesen, weil sein Vollmachtgeber vom Lande des Hochverraths überwiesen, verbannt und seiner Güter verlustig erklärt worden sei. Von den übrigen anwesenden Grundeigenthümern und deren Stellvertretern wird keine Klage erhoben. Aber umsonst waren im Jahre 1564 die Hatterthaufen von der Commission erneuert worden. Umsonst hatten die Großpolder das beiläufig 4 bis 5 Fuß lange aus aneinander geklebten Papierbogen bestehende, ihr Recht ihnen

[28] Im Gemeinde-Archiv Fasc. I. Nr. 11.

zusichernde Reambulations Dokument zu Handen empfangen.[29] Gleichwie der neue Dokumentenstoff in seiner Form zerbrechlich und wurmfraßig ist, noch mehr war es die Autorität des Gesetzes. Schon im nächsten Jahre wurden die neu hergerichteten Hatterthaufen von den abgewiesenen Nachbarn wieder zerstreut und die Gewaltthätigkeit von Neuem fortgesetzt, bis endlich im Jahre 1569 dem Rechte Geltung verschafft und damit Friede und Ordnung wiederhergestellt wurde.[30]

Pfarrer Johann Wallendorf 1603.

Wie traurig müßten wir unseren Blick von einem Jahrhundert unserer Ortsgeschichte abwenden, welches uns nichts anders, als die Zeugnisse solchen Verfalls der ursprünglichen Rechte des Sachsenvolkes darbietet, wenn uns nicht die allgemeine Volks- und Landesgeschichte daran erinnerte, daß dasselbe 16-te Jahrhundert, welches so manches Recht und so manche Frucht seiner politischen Stellung untergrub und zerknickte, dem sächsischen Volke überhaupt und folglich auch der Gemeinde Großpold durch die Reformation der Kirche den Lichtstrahl des reinen Evangeliums und darin den Keim zu neuer Erhebung durch erhöhte und neugestählte Geisteskraft zugeführt habe! Aber es ist nicht merkwürdig für diese Gemeinde, daß der fleißige Schreiber in dem ältesten Kirchenbuche derselben, obwol er bei anderen Pfarrstationen des Capitels die Pfarrer-Verzeichnisse bis und sogar über das Jahr 1520 zurückführt, bei Großpold die Reihe der Pfarrer bloß mit dem 1603 hier verstorbenen Pfarrer Johann Wallendorf zu beginnen vermag?[31] Und deutet nebst diesem Umstand nicht auch das auf recht böse Zeiten dieser Gegend, daß uns von diesem Manne durch Miles in seinem Würgengel erzählt wird, er habe mit seinem geistigen Amtsbruder von Kleinpold nackt dreschen müssen, obgleich er ein Gelehrter seiner Zeit und viele Jahre Dekan des Capitels gewesen sein soll?[32]

---

[29] Ebendaselbst Fasc. I. Nr. 12.

[30] Ebendaselbst Fasc. I. Nr. 13. 14. 15 und 16.

[31] Aeltestes Kirchenbuch. Verzeichnis der Pfarrer des Kapitels und derer zu Großpold

[32] Miles Würgengel S. 257.

Gemeindezustand am Anfang des 17.ten Jahrhunderts.

Doch wie groß auch die Unbilden der Zeit gewesen, noch war die deutsche Kraft und Ausdauer nicht gänzlich gebrochen, noch sind die sächsischen Dörfer mit ihren gemauerten Burgen und ihren darin verwahrten Waffen ein schwerwiegender Machtbestandtheil des Landes, noch besitzen Sie auf dem festen Grunde eines wohlgeordneten Gemeinwesens fußend, wie eben Großpold beweiset, eine staunenswerthe Leistungsfähigkeit für des Landes Bedürfnisse. Ein neues Gemeindebild tritt uns mit dem zweiten Jahrzehnt des 17ten Jahrhunderts hier entgegen. Immer klarer gestalten sich die Züge des bürgerlichen Innerlebens der Vorfahren. Die bis in das 15te Jahrhundert an der Spitze der Gemeinden stehenden Grafen sind nunmehr gänzlich verschwunden. An ihrer Statt hat der „Hann“ oder Richter sammt den Aeltesten und Geschwornen, die alljährlich gewählt werden, die Gemeinde zu vertreten, ihr Gut zu verwalten und Rechenschaft abzulegen. Zur Nachweisung seiner Einnahmen und Ausgaben muß der Ortsrichter das Hannenregister führen. Am Schluße des Jahres werden alle in ein eigenes Rechnungsbuch eingetragen und in Gegenwart der Geschworenen geprüft. Der gewöhnliche Schreiber ist der hiesige Schulmeister, oder mitunter auch der Stuhlsnotär von Reußmarkt. Zur Bedeckung der vielnamigen, verschiedenartigsten Ausgaben werden außer den regelmäßigen Steuergattungen „Anschläge“ gemacht, die Mühleinkünfte, „Weinpfenige“ und überhaupt Alles verwendet, was man eben einzunehmen hatte. Welchen Platz damals Großpold unter den übrigen Stuhlsgemeinden einnahm, lässt sich daraus entnehmen, daß diese Gemeinde nicht weniger als den vierten Theil aller dem Stuhle zufallenden Landessteuern und Stuhlausgaben zu tragen hatte.

Der Prozeß um den Wochenmarkt 1615.

Lassen wir indeß die das Gesagte bestätigenden Thatsachen aus den sie verbürgenden Urkunden selbst sprechen. Zuerst ist es ein höchst hartnäckiger Streit mit Reußmarkt, dem Vororte des Stuhles, der unsere Aufmerksamkeit auf sich zieht. Im Jahr 1615 tritt der Reußmarkter Königsrichter Michael König samt den Geschworenen Bartholomäus Schuster und Jakob Ungar als Kläger wider die „Oberstpölder" vor der Universität auf und beschuldigt dieselben, daß sie sich seit etlichen Jahren wider Fug und Recht erlaubten, am Sonntag einen Wochenmarkt zu halten. Dagegen berufen sich die Ehrsamen Herrn Michael Schunn, Hann, Georg Hankesch und Georg Dreßler, Geschworene nebst Daniel Stolz und Johann Schuster im Namen der Geklagten auf ihre uralte Gewohnheit und verlangen demgemäß auch in Zukunft am Sonntag Getreide Rumpf- und ½ Rumpf-weise, ferner Holz, Fleisch, Brod, Käse, Hühner, Fisch, Eier, Rüben, Obst und Kraut kaufen und verkaufen zu dürfen. Es sei dies um so dringender nöhtig, damit sie „das große Beschwerniß des Stuhls, so vor allen Andern auf ihnen liege" zu tragen im Stande seien.

Aber gegenüber dem mächtigern Gegner war die Streitsache durch diese einfache Erklärung mit nichten abgethan. Sie mußte auch durch kräftige Zeugnisse erwiesen werden und eben diese verbreiten ein helleres Licht über den Streit und die Streiter. Auf Anhalten der Poldner läßt die Universität durch den Richter Paul Ludwig und ihren Notär die Zeugen aus dem zum Stuhle Großdorf (Szelistje) gehöhrigen Ortschaften: Szilist, Walye, Tiliechka, Galisch, Sibiel und Kakowa - sowie auch von Rode, Dobring, Urwegen und Tetscheln vernehmen und deren Zeugniß vorlegen.[33] Die Ortsämter von Gergischdorf, Gessivel und Buß schicken ebenfalls einschlägige Zeugnisse an die Universität. Sogar in Mühlbach und Mediasch werden Zeugen verhört, deren Aussage bestättigt, daß schon seit 70 Jahren und darüber der Markttag am Sonntag zu Großpold üblich sei. Namentlich bezeugt Lukas Sutor in Mühlbach: „es sei in Oberstpold in seiner Jugend, als er daselbst bei Rossen gedient habe, am Sonntag stets ungehindert Markttag gehalten worden, bis Herr Lukas Schuster Königsrichter in Reußmarkt geworden sei und die Großpolder vom Fürsten

[33] Dieses Zeugnis und die diesem noch nachfolgenden befinden sich sämmtlich im Kirchenarchiv unter Num. Phil. 17. – Fasc. I.

Sigmund Bathory auch einen Jahrmarkt erhalten hätten. Dagegen haben sich nämlich die Reußmärkter empört und diesen Jahrmarkt zerstört." – Herr Michael Stolzenburger aus Mediasch bezeugt: „daß er vor ungefähr 58 Jahren einem Weber zur Polden gearbeitet. Damals sei es also gehalten worden. Man habe die Thore an den Gassen alle Sonntage zugesperrt gehalten bis der Pfarrer ausgepredigt. Da habe sich dann unter der Predigt oft soviel Volk gesammelt, daß es, wenn man aufmachte, haufenweise hereinkam und also sei Markttag gehalten worden. Die Reußmärkter unterstanden sich zwar oft, dasselbige zu wehren und das Volk zu zwingen, daß sie ihre Sachen nach Reußmarkt brächten, sie konnten es aber nicht dahin bringen, sondern das Volk blieb bei seinem vorigen Brauch." Aehnlich bekennt Michael Poldner: „er habe vor ungefähr 40 Jahren zu Polden in der Schule gelebt und wisse, daß damals das umliegende Volk den Brauch hielt, alle Sonntag dahin zu kommen und ihre Sachen zum Verkauf zu bringen. Die aber nach Reußmarkt damit wollten, seien unbehindert dahin gegangen. Es unterstanden sich wol etliche Male die Reußmärkter solche Zusammenkünfte des Volkes zu wehren und kamen mit wehrhafter Hand, das Volk hinunter auf Reußmarkt zu zwingen, aber es half Alles nix, ob sie sich schon oftmals drum schlugen, sondern das Volk blieb bei seiner Gewohnheit."

In dem Zeugnißbriefe von Buß bekennt Gregor Theniggeber ein Mann von 70 Jahren bei gutem Gewissen: „ daß er nach der Schlacht des Caspar Békes mit ein Rumpf Korn und ein Viertel Hirsch auf den Markttag nach Großpold geritten sei, und den Kübel Getreide mit 15 Denar, das Viertel Hirsch aber um 2 Denar verkauft habe." Hieraus geht nun einerseits hervor, daß nicht der durch den Vorgesetzten repräsentirte Kläger das Recht der Klage, sondern umgekehrt der untergebene Beklagte das Unrecht derselben beweisen mußte, andererseits erfahren wir auch, daß damals noch immer jener Grad von Rohheit des gesellschaftlichen Zustandes herrschte, wo sich die Macht das Recht zu verschaffen suchte, indem die eine Brudergemeinde mit „wehrhafter Hand gegen die andere auftrat. Betrachten wir aber die drei angeführten Zeugnißbriefe von Gergischdorf, Gießübeln und Buß etwas näher, erwägen wir, daß darnach die dortigen, damaligen Ortsämter Zeugenverhöre vornehmen durften, die Glauben und Giltigkeit hatten; bedenken wir ferner, daß diese der damaligen Zeit ganz entsprechend, daß sie in deutscher Sprache verfaßt, mit Ortsiegeln versehen und in direktem Wege an die sächsische Universität als ihre „Herrn und Patrone" gerichtet sind, und blicken wir dann wieder auf den heutigen Zustand jener Orte; gibt es da für den Freund des sächsischen Volkes und einer menschenwürdigen Gemeinde-Autonomie nicht mancherlei zu denken?

Auf Grund der so zahlreich beigebrachten Zeugnisse entschied die Nations-Universität in ihrer December-Versammlung 1616 zu Gunsten der Großpolder, indem sie denselben ihrem Verlangen gemäß „allerlei Getreide - mit Außnahme von Korn - item allerlei Bauholz, Weinpfähle, Brod, Fleisch u.s.w. zu kaufen und zu verkaufen bewilligte. Falls man dagegen Korn, Krämerei, Kaufmannschaft, Kleider, Schuhe und dergleichen möchte zuführen, soll es den Herren von Reußmarkt frei stehn, solche Güter an jedem Orte wegzunehmen." Die gegen diese Sentenz handelnde Partei soll mit 200 fl . betraft werden, von dieser Strafe aber ⅓ dem schuldlosen Theile und ⅔ der Universität zufallen. Der ausführliche, deutsch verfaßte Uhrteilsbrief trägt an seidner Schnur in hölzerner Kapsel das kleinere Provincial-Siegel in rothem Wachs mit dem Bilde der drei Seeblätter.[34]

Unzufrieden mit diesem seine Klage abweisenden Spruche der Universität wandte sich jedoch der Markt hierauf an den Fürsten, erlangte einen den Großpolder Wochenmarkt aufhebenden Fürsten-Befehl und erlaubte sich überdies auch die bisher nach altem Recht und Brauch vom ganzen Stuhl gemeinschaftlich erwählten Stuhlgeschwornen, ohne des Stuhls Theilnahme, allein zu ernennen. Dafür sollte aber die gerechte Strafe ihm wenigstens ganz nicht ausbleiben. Noch war nämlich die sächsische Universität damals wirklich autonom und im Stande ihr eigenes Recht selbst dem Fürsten gegenüber aufrecht zu halten. Der widerspenstige Markt musste sich fügen, wurde 1629 mit einer Geldstrafe von 200 fl. belegt, welche nur im Wege der Gunst das darauf folgende Jahr auf die sogenannte „Landkühr" von 61 fl. ist herabgemindert worden.[35]

[34] Im Gemeinde-Archiv Fasc. I. Num. Phil.18.

[35] G.D. Teutsch. Geschichte der Siebenbürger Sachsen Band II. S. 682.

Das älteste Rechenbuch der Gemeinde 1616.

Noch ein zweiter Umstand, den wir neben jener Universitäts-Entscheidung zu verzeichnen haben, macht das Jahr 1616 für die Großpolder Ortsgeschichte merkwürdig und wichtig. Das älteste Rechnungsbuch und die demselben zum Theil als Grundlage dienenden Hannenregister beginnen nämlich von demselben Jahre und gewähren manchen, interessanten Einblick in jene Zeitverhältnisse. Die erste Jahresrechnung „gehalten am 22. Tag Decembris des 1616. Jahrs[36] weiset an ihrem Schluße eine Gesammtausgabe von 711 fl. 45 Denar aus. Aber so geringe sollte dieselbe nicht mehr bleiben. Soviel neue Ausgaben verschiedenster Art wuchsen hinzu, daß „die Summa Summarum“ nach dem Inhalt der beiden Register an Zinsen, Anschlägen und Hannenzehrung schon im folgenden Jahr 1433 fl. ausmachte. Im Jahre 1621, wo unter Anderem 18 fl. auf Pulver, 13 fl. 90 Denar auf das Ausfegen des Geschoßes ausgegeben wurden, war die Jahresausgabe auf 1765 fl. 17 Denar gestiegen, obwohl in demselben Jahre zwei Schlachtschweine blos 3 fl. 50 Denar gekostet hatten. Der Hauptgrund der fort und fort zunehmenden Ausgaben, die wir nach unsern heutigen Begriffen fast durchwegs für Steuern erklären müssen, bildeten wol die fast ununterbrochen fortwährenden Krieges-Unruhen im Lande. Um ihretwillen konnten in den Jahren 1619 und 1620 die Rechnungen gar nicht abgelegt werden. Die Tataren hatten diese Gegend heimgesucht. Deutsche Trabanten waren zur deren Bekämpfung dem Lande zu Hilfe gekommen und mußten erhalten werden. Auch des Stuhles Aufgebot war ihnen gegen Klausenburg entgegengerückt. Im folgenden Jahr 1622 ließ man Maurer von „Mülenbag“ kommen, um die Burgmauern auszubessern. Die Summe der Ausgaben erreichte die Höhe von 2062 fl. 9 Denar in einer Zeit, da ein Ochse 4 bis 6 fl. , ein Schwein 1½ bis 3 fl. und ein Faß Wein zu 40 Eimern (Siebenbürger) 10 bis 14 fl. gekostet hat.

---

[36] Siehe deren Abschrift im Anhang.

Mannigfaltigkeit und Menge der Steuern.

Es ist aber auch in der That merkwürdig zu vernehmen, unter welchen Namen eine Unzahl von Steuern erhoben ward, deren Auftheilungstitel nicht mit Unrecht oft den zweideutigen Namen „Anschlag“ führte. Bald ist es „Seiner Fürstlichen Gnaden Nothdurft,“ um derentwillen man allerlei Lebensmittel: Früchte, Honig, Butter, trockne Pflaumen, Fische u.s.w. nebst Wein herbeischaffen, öfters bis Weißenburg, Zalathna, oder Deva führen und froh sein mußte, wenn man nur die leeren Fäßer wieder zurückerhielt. Bald beliebt es „Seiner Fürstlichen Gnaden allhier zu „frühstückeln“ und die Gemeinde „verehrt“ dem Koch, Kaufleuten u.s.w. 17 fl. 20 Denar. Ebenso werden zu dem „Hausbau Seiner Fürstlich Gnaden“ in Constantinopel, in Weißenburg, in Fogarasch Extra-Anschläge gemacht und für desselben Lagerbedürfnisse auch besonders beigesteuert. Endlich kommen dazu noch verschiedene „Ehrungen“ mit Geld, Wein und Anderm, womit man Herrn und Diener befriedigen mußte, um sich ihre Gunst zu erkaufen. Des Fürsten Stallmeister, der türkische Bascha oder deren Verpflegs-Intendanten erhalten öfters Ehrungen, „damit sie weiter ziehn möchten.“ Man kauft sich damit gleichsam los von noch größerm Schaden, wie mit einer Brandschatzungssumme die Plünderung abgelöst wird. Darum fliesen indessen die regelmäßigen Steuern, als der „St.Georgs-, St. Michaelis-, St. Martinszins, die Landzehrung, der Postmeister-Anschlag, die Trabanten- und Amtsherrnbesoldung“ und zwar öfters um ein Erhebliches erhöht, ebenfalls fort. Zur Verpflegung der deutschen Hilfstrabanten muß außerdem beigesteuert werden. Die nationalen und heimischen Bedürfnisse wollen schließlich doch auch bestritten sein. Im Jahre 1622 wurden z.B. blos den „Wallachen“ für das Kalkbrennen zu zwei Malen je 8 fl. ausbezahlt. Im Jahre 1623 kosten die Maurer über 50 fl. Im Jahre 1625 wird das Thürmchen und 1641 der Thurm hergestellt. Zu dem „Anschlag wegen Ehrung auf des Hermannstädter Bürgermeisters Sohnes Hochzeit im Jahre 1629“ zahlt die Gemeinde 9 fl. Zur ausländischen Botschaft des Nösner Richters werden 27 fl. gegeben, und zu des Hermannstädter Königsrichters Ausgaben im Jahr 1631, 36 fl. beigesteuert. Die *„Postamester“* (Postmeister) allein kostet die Gemeinde im Jahre 1623 einmal 30 fl. ein zweitesmal 54 fl. und für ein „Postroß“ 14 fl. Für des „Fürsten Roßbereiter“ gab man 7 fl. 20 Denar aus und zu zwei Malen „ehrte“ man ihn mit je 3 fl. 50 Denar „damit er uns nicht mit Rossen überlade.“ Dem Szilagy Peter gab man in demselben Jahre 2 fl. „damit er wegziehe.“ Da wird es uns denn kaum wundern können, daß im Jahre 1626

a)	die Summe der Landessteuern bereits	1475	fl.	78	Denar
b)	die Summe sonstiger Ausgaben	718	"	33	"
c)	die Summe der Hannenzehrung	2000	"	-	"
	mithin die Summe Summarum aller Ausgaben ausmachte.	4194	"	11	"

Bunte Zeitbilder der Fürsten-Periode.

In der That, welch buntbewegte Zeit muß das gewesen sein, wo z.B. - wie in den Jahren 1630 und 1631 - die Fürstin da gewesen, „die Tatern“ bei uns gelegen, des „Fürsten Bejaren“ hier herbergten und überdies „die Heiden“ und „Ungerländer Gäste“ zu bewirthen waren! Und welche Stellung mochte das Gebiet der sächsischen Stühle und Distrikte als Operationsbasis für die Vertheidigung des Landes einnehmen, wenn sächsische Orte, wie Großpold, 18 bis 30 fl. jährlich für Pulver verausgabten und beispielsweise bei der Burgvisitation im Jahr 1632 acht Hocken, acht Zündbüxen, eilf Musketen und 6 Zabigen daselbst vorräthig waren? Welche materielle Lebenskraft und Blüthe muß eine Gemeinde besessen haben, die in den Jahren 1618 bis 1640 den Fürsten selbst nicht weniger als siebenmal bewirthet, dessen Stall-, Post- und Pulvermeister, dann „türkische und bleschländer Legationen,“ wie auch „Deutsche Herrn“ aber fort und fort beherbergt und beehrt hat; die ferner in den Jahren 1621 bis 1638 bald „Deutsche Trabanten,“ bald „Zekel“ bald „viel Volks Soldaten, Hungarn und Katner“ abwechselnd aufnehmen und verpflegen mußte? Welcher nationale Gemein- und welcher industrielle Erwerbssinn mußte da vorhanden sein, wo man in solchen Zeiten auch noch Almosen übrig hatte für die im Jahre 1637 abgebrannte Kirche der „Pittersdorfer“ und alljährlich einen Pachtzins von 15 bis 24 fl. an die „Auner“ oder „Gür auner“ bezahlte für eine Gebirge, welches wahrscheinlich zur Viehzucht, oder zum Holzhandel benützt wurde.

Der halbe Wasserstuhl am Schwarzbach 1646.

Freilich besaß die Gemeinde zu der Zeit noch Vortheile und Einkünfte, die ihr später verloren gingen. Es ist aus dem vorausgeschickten bereits bekannt, daß sich der Großpolder Hattert zur Folge der noch vom Könige Ludwig 1377 angeordneten Vermessung bis an den Schwarzbach erstreckte. Es ist ferner bekannt, daß die Gemeinde überdies im Jahre 1456 von den Brüdern Johann und Ladislaus von Kerek außer deren sonstigem Grundeigenthum auch deren Mühlenantheil an demselben Bache gekauft hatte. Auf Grund solchen Besitzrechtes hatte die Universität den Pöldnern schon von Alters her den halben Wasserstuhl (soll wohl heißen: das halbe Wasserrecht) an demselben Schwarzbach zugesprochen. Weil aber sie Szelistjer Stühler damit großen Muthwillen getrieben, kamen auf Ersuchen des Hannes Modjesch, Hannen, Georg Dreßler, Geschwornen, Hannes Theilen, Aeltesten, und Andreas Wegmet, Mühlherrn der Gemein groß Pulden die beiden Rathsgeschwornen Tobias Sifft und Georg Heiderus aus der königlichen Hermannstadt als verordnete Richter für den Szelistjer Stuhl im September des Jahres 1646 und verglichen beide Parteien in Gegenwart des Stuhlsrichters Martin Simonis und der Marktgeschworenen Georg Fömmig Georg Grayl von Reußmarkt und der namentlich angeführten Vertreter von Szelistje, Kakova, Valje, Galisch und Tilischka unter dieser Bedingung: „es solle, wofern auf der einen oder andern Seite ein Vortheil verspüret würde, die betreffende Parthei Ausweg geben, wer solches gethan, und woferne es könne, kundbar gemacht werden, solle dieselbe Person ohne allen Verzug an den bei dem Wasserfluß stehenden Galgen gehängt werden, wofern aber solches nicht kundbar werden möchte, solle die Gemeinde, auf deren Seite die Uebertretung stattgefunden, dem Weisen Rath in Hermannstadt 40 fl. verfallen, es seien die Pöldner, oder die vom Szelistjer Stuhl. Es soll ihnen auch kein fürstlich Gnadenbrief zum Rekurse erlaubt sein, sondern die Execution geradezu Statt haben.“ – Diesen Vergleich haben die Commissäre zu Protokoll genommen. Die Parteien sind darauf eingegangen und es wurde derselbe zur Bestättigung von allen Anwesenden mit unterschrieben: Die hier befindliche Abschrift hat der nachherige Szelistjer Richter Laurentius Rosenfelder herausgegeben.[37]

[37] Im Gemeinde-Archiv Fasc. I. Nr. 22

Die Kirchenmühle im „Seifen" 1676.

Um dieses - wahrscheinlich mit manchen Opfern aufrecht erhaltene - Wasserrecht desto besser auszunützen, ließ Pfarrer Johann Göndisch im Jahre 1676 eine Mahlmühle für die evang. Kirche auf seine Kosten „im Seifen" erbauen,[38] zu deren Betrieb ein Kubikfuß Wasser herabgeleitet wurde. Die „Szilister Herren" erhoben zwar dagegen Einsprache und ließen ihn auf 200 fl. verbieten. Nichtsdestoweniger wurde die Mühle gebaut, doch wie lange dieser den Nachfolgern die Mauthfreiheit und einen Theil des Steinmehls zusichernde Besitz gedauert, läßt sich nicht genau ermitteln. Tathsache ist es, daß jene Mühle längstens verschwunden ist, aber das Gedächtniß derselben lebt noch und daß auch das Bewußtsein jenes Wasserrechtes sich bei Freund und Feind sehr lange erhalten habe, wird sich später urkundlich erweisen.

Die fürstliche Schenkung an den ev. Prediger 1623.

Außer dieser für Kirche und Gemeinde zu deren großem Schaden verloren gegangenen Errungenschaft jenes Jahrhunderts, ist noch eine zweite zu Gunsten des hiesigen evang. Ortspredigers bis zum heutigen Tage bestehende zu erwähnen. Eine vom Fürsten Gabriel Bethlen im Jahre 1623 ausgestellte, eigenhändig unterfertigte, mit dem fürstlichen Siegel versehene Schenkungsurkunde, die sich sammt den darauf bezüglichen Bestättigungsbriefen des Fürsten Achatius Barcsai vom Jahre 1659 und des Michael Appaffi vom Jahre 1662 ebenfalls in dem unter der Verwahrung des evang. Pfarrers stehenden Gemeindearchive befindet,[39] erklärt, daß der Fürst dem hiesigen ev. Prediger $^{1}/_{16}$ aus der Fiskal-Quarte für immer zum Geschenke gemacht habe. In Folge davon hat der Großpolder Prediger außer dem ihm gleich andern Predigern zukommenden Antheil von der Pfarrrente, den Anspruch auf eine ihm eigenthümliche Rente von 48 fl. C.M. jährlich. Die Veranlassung zu dieser fürstlichen Schenkung ist urkundlich nicht festgestellt. Wie die Sage erzählt, hatte der durchreisende

[38] Im ältesten Kirchenbuche

[39] Gemeinde-Archiv Fasc. I. Nr. phil. 19,23,24.

Fürst den Prediger in seinem abgeschabten Mente selbst ackern gefunden. Durch diese seine Armuth verrathende Erscheinung gerührt, habe der Fürst ihn nach Hermannstadt bescheiden lassen und ihm nach gepflogener Ausforschung über seine Verhältnisse jenes Geschenk jedoch mit der Weisung gemacht, in Zukunft stehts anständig gekleidet zu erscheinen.

Waffenvorrath der Gemeinde 1653.

Ueber ein Menschenalter hatte die Gemeinde alle die oben beschriebenen Lasten männlich ertragen, ohne denselben zu erliegen. Noch fanden sich im Jahre 1653 beim Besehen des Gewehrs vierzehn Musketen, vier Trabantenbüxen, drei Sabel und acht Hocken als Beweis der Wehrhaftigkeit. Aber die Blüthe des Wohlstandes hatte bereits ihren Wendepunkt erreicht. Schon im Jahre 1644 war laut Rechnung die *„Communitas Nagy-Apold“* dem Hannen Andreas Czeck 442 fl. schuldig geblieben. Im Jahre 1653 bleibt sie dem Thomas Seyvert mit 569 fl. im Reste. In den Jahren 1655 und 1656 findet sich gar keine Rechnung. Die zwei folgenden Jahrn erscheinen nachgetragen nach dem Jahre 1659. Der Grund dieser Unordnung und der zunehmenden Gemeindenoth ist offenbar in den Wirren zu suchen, welche das Land unter der Regierung des Fürsten Rakóczi heimsuchten.

Zerstörung der Gemeinde unter Rakóczi 1658.

Nachdem nämlich der Ofner Pascha schon im Jahre 1657 ein Absetzungsschreiben gesendet, der Fürst aber sich diesem nicht unterworfen hatte, ließ der Sultan im Jahre 1658 den Großvezir von Ungarn aus mit 100,000 Mann anrücken, während gleichzeitig der Tartarchan mit den Woywoden der Walachei und der Moldau mit ihren Haufen durch das Burzenland eindrangen und das unglückliche Land furchtbar verwüsteten. Zwar Kronstadt hatte sich mit 20,000, Hermannstadt mit 25,000 Thaler losgekauft, aber um so trauriger ginge es den armen Dörfern, welche meistentheils niedergebrannt und ihrer als

Sklaven verkauften Einwohner beraubt wurden. Den Unterwald ereilte dies traurige Schicksal insbesondre auf schreckliche Weise. Großpold, dessen Einwohner sich geflüchtet hatten, wurde zerstört. Ebenso Reußmarkt und Dobring, in welch Letzterm blos die Kirche von den Flammen verschont blieb. Mühlbach kaufte sich mit 4000 oder gar 12,000 Thalern frei, während Kelling und Urwegen allein sich in ihren Burgen hielten, und alle übrigen Dörfer der Erde gleichgemacht wurden.[40] Rakóczi entfloh und das Land erhielt einen anderen Fürsten. Doch schon nach zwei Jahren kam der Feind wieder in das Land, um den von den Ständen inzwischen wieder zum Fürsten erwählten Rakóczi von der Belagerung Hermannstadts zu vertreiben. Da sank auch Mühlbach, wie eine seinem frühern Thurmknopfe entnommene Schriftbezeugte, bis auf die Kirche, Schule und einen Theil des Pfarrhauses innerhalb der Burgmauern, gänzlich in Asche.[41] Um dieselbe Zeit beschreibt uns der damalige Reußmärkter Notarius Heinrich Essinius auf Ansuchen des Hannen Georg Wonner und der Geschwornen Thomas Melzer und Andreas Herbert die Zeitlage in einem dem Rechnungsbuche der Großpolder Gemeinde einverleibten Gedenkschreiben *(Memoriale)* auf nachfolgende Weise:

Gedenkschreiben des Stuhl-Notärs Heinrich Essinius 1658.

„Nachdem im *(anno)* Jahre 1658 der Siebenbürger Fürst Rakóczi György sich aus dem Landt gemacht und seine Regierung auf die Zeitlang den *(Locumtenentibus)* Stellvertretern übergeben hatte, sein aus Unachtsamkeit oder aber vielmehr zu sagen aus etlicher Partheiischer Herrn *(Consens)* Beistimmung die Türken, Tattarn, Kosaken und andere Völker durch die Bosav ins Land gelassen worden, welche das halbe Landt ruinirt, Burgen, Kirchen, Schulen und die Gemeinen verderbet und alles eingeäschert haben. Nach diesem ist der gnädige Fürst Barcsai im *(anno)* Jahre 1659 ins Fürstenthumb getretten, aber nur bis in den September derbey bleiben können; sintemahl der Rakóczi György mit Heereßkraft ins Landt ist kommen und ihn von Kereßtesmezö verjaget, hat also weichen

[40] G.D Teutsch, Geschichte der Siebenbürger Sachsen. B. II S. 583.

[41] Ebendaselbst S. 595 und Mühlbächer Schulprogramm vom Jahre 1856/7. S10.

müssen und sich unter (daß *patrocinium*) den Schutz deß *(Budensis Vezirii)* Ofner Veziren von Temesvár weichendt *(subjiciret)* unterworfen. Hatt also der Bezirius auf befehl der Ottomanischen Port gedachten Fürsten Barcsai hülff gegeben und den *Rakóczium* bei Bas-Kapu geschlagen und biß gen *(Colosvar)* Klausenburg verfolgt. Weil aber Rakóczi sich von neuem (armirte) bewaffnete, der Vezirius aber mit dem Volk im Landt nicht wintern könne, hat er den Fürsten Barcsai bevrlavbt vnd ihn mitt (einem *preasidio*) einer Besatzung von Jantsaren Nro 1000, von Reiterej Türken Nro 500 bis in die Hermanstadt begleiten lassen, er selbst sich gen Temesvár verfüget. Solches angesehend Rakóczi György hatt er den Barcsai Akos *(persequiret)* verfolgt, die Hermanstadt ein halb Jahr belägern lassen mit Stücken, beide Thürme, heuser und Pasteyen (Insesstiret) bekriegt vnd beschossen. - (waß in dieser *(obsidion)* Belagrung vnterwegen ist gegangen, die, so erfahren haben, als ich *(scriptor)* der Schreiber können es bezeugen) - Nach diesem, als die *(Obsidion)* Belagerung *(solviret)* aufgehoben ward, vnd der Feind Rakóczi von der Hermanstadt flüchtig ist worden, haben die belagerten alle Schantz, welche ausgeworffen waren, zuworffen und fröhliche Pfingsten gehalten. Der Rakóczi aber hatt bei Clausenburg auff dem Fenescher Hattert mit dem Vezir schlecht gehalten und abermahl mitt Verlust seines Lebens daß Feldt verlohren. Weil demnach Fürst Barcsai nach solchem erlangtem deß Vezirii *(victori)* Sieg zu ihm ist gefoddert worden, hatt er sich (präsentiret) vorgestellt und seine (Fidelität) Treue kegen die Port erweisen wollen. Wie es aber bekannt ist, daß die Türkische Nation allzeit des geldes vnersättig ist, als hatt sich das Landt deß Friedens erhaltung wegen in einer großen Summe Taller Contribution einlassen müssen, welche machte 500,000 Taller. Damitt aber selbige desto gefüglicher und schneller ausgetrieben werden möchte, hat man einen Landtag zu Schäßburg darob beruffen vnnd gehalten vnnd ist in die Artikel geschrieben worden, daß ein jeglich Mann nimandes geschonet *(capitatim)* vom Kopf auff diese Contribution 5 fl. - d. erlegen solt. Welches auch ist geschehen und die Leutte dieselben *(sine misericordia)* ohne Erbarmen erlegen mußten“ - *(mirentur et caveant posteri)* setzt der Erzähler unter seine beigefügte Namensfertigung.

Beschreibung des Hagelschlags und Mißwachses vom Jahre 1771.

Wenn daher unter solchen Zeitumständen schon im Jahr 1654 ein Hof mit 26 fl., ein Zweiter sogar um 8 fl. verkauft worden ist, und schlüßlich Niemand das Hannenamt bekleiden wollte, wird uns das kaum wundern. Um jedoch das Maaß der Gemeindenoth bis auf das Höchste zu steigern, brachte das Jahr 1671 Hagelschlag, Ueberschwemmung und Mißwachs. Ueber diesen Unfall ist uns in dem ofterwähnten Rechenbuche eine Beschreibung vom damaligen Schulrektor Michael Schobel aus Probstdorf gebürtig aufbewahrt worden, die ich ihrer Kuriosität willen hier ausführlich folgen lasse.

„Gott der Herr Zebaoth spricht durch seinen treuen Mundbotten *profetam Ezechielem*, Capitel 14, Vers 13 also: wenn ein Land an mir sündigt, so will ich meine Hand über dasselbe austrecken und den Vorrath des Brodts wegnehmen und will Theurung hinschicken, daß sich Beide, Menschen und Vieh, darinnen ausrotten. Ueber solche Plage werden sie mit Ach und Weh heulen und sagen mit dem Profeten Esa Kapitel 3, Vers 7: Es ist kein Brod noch Kleid in meinem Hause. Joel spricht Capitel 1: Höret dies ihr Einwohner im Lande, ob auch solches bei ihrer Väter Zeiten geschehen? Sagt ihren Kindern davon und laß ihre Kinder ihren Kinder sagen und dieselbigen Kinder ihren andern Kindern nehmlich, was die Raupen lassen, das fressen die Heuschrecken, und was die Heuschrecken lassen, fressen die Käfer, was diese lassen, das frißt das Geschmieß. Wacht auf ihr Trunknen und weinet und heulet ihr Weinsäuffer um den Most, denn er ist Euch vor dem Maul weggenommen, das Feld ist verwüstet und der Acker steht jämmerlich, das Getreide ist verdorben, der Weinstock steht jämmerlich und das Oel kläglich. Die Ackerleut´ sehn jämmerlich und die Weingärtner heulen um den Weizen und um die Gerste, daß aus der Ernte nichts werden kann. So stehet der Weinstock auch jämmerlich, der Feigenbaum kläglich, darzu die Granatbäume, Palmbäume, Aepfelbäume und alle Bäume auf dem Felde sind verdorrt, den die Freude der Menschen ist zum Jammer worden, denn die Speise ist vor den Augen weggenommen, der Same unter der Erde verfaulet, die Kornhäuser stehn wüst, die Scheunen zerfallen, denn das Getreide ist verdorben.

Sagt an derowegen alle Einwohner des Landes Siebenbürgens sind nicht die profetischen Weissagungen an Euch Allen wahr worden? Hat nicht Gott der Allmächtige wegen Eurer Sünden seine Hand dermaßen wider Euch ausgestreckt, daß er Euch im verflossenen 1671sten Jahr durch schädliche Hagelruthen den Vorrath des Brodtes weggenommen und fast ein Jeder klaget: es ist kein Brodt noch Kleid in meinem Hause? – Ich habe Mangel an Brodt, Gott gibt mir müßige Zähne? Weinet und heulet nicht das ganze Land um den Weizen und Most? *(Paucis exceptis.)* Weinet und heulet nicht fast Jedermann, daß das Feld verwüstet, die Aecker und das Getreide jämmerlich verderbet? Sehn nicht die Ackerleute jämmerlich aus, daß sie bei so harter Pflugerei das Getreide um Geld müssen kaufen? Heulet nicht und bekümmert sich nicht fast Jedermann, daß aus der Ernte nichts oder wenig geworden? Heulet und weinet nicht Jedermann ob den Weinstöcken in seinem Herzen, daß an den meisten Orten des Landes sammt den fruchtbaren und unfruchtbaren Bäumen selbe verdorret? Ist nicht die Freude der Menschen dadurch in eiteln Jammer verkehret worden? Ist nicht die Speise vor den Augen weggenommen? Stehn nicht die Kornhäuser fast alle wüst? Die Scheunen zerfallen? Das Getreide verdorben? Wie denn unter anderen Oertern und Dörfern des Landes nicht das geringste Theil von oben erzählten Plagen über unsre Gemein *Nagy-Apold*, dem Stuhl Reußmarkt unterlegen, ergangen? –

Denn Gott der Allmächtige im Jahre 1671 am dritten Tage August dermaßen seine Hand über uns ausgestrecket, da er uns durch schädliche Hagelruthen den Vorrath der Brodtes, des Mostes und Getreide vor dem Maule hinweggenommen. Schön und herrlich pranget der gedeckte Feldtisch ward unversehrt und unverletzt von schädlichen Wettern erhalten, bis er zur Zeitigkeit (Reifheit) kommen. Ja, wir vermeinten, es wäre solcher gezeigter Segen des Herrn in unseren Händen und Kästen. Wie denn auch der Anfang des Schneidens gemacht und die Schnitter etliche den krummen Sichel an selben eingeschlagen und auch etwas (aber wenig) in die Häufen gebracht: aber (Gott geklagt) unsere Hoffnung ist an ledigen Brüsten gesäugt und nun gar zu Wasser geworden, denn eben *anno* 1671 den dritten August schloß der Allmächtige solchen gezierten Feldtisch, daß Abends um sechs Uhr durch schädliche Hagelruthen gar zernichtet und beraubet dadurch der Brodkorb vielen so hoch gehangen, daß sie ihn schwer können erreichen und erlangen.

Nicht aber allein ist der Kornbaum neben anderen Sommerfrüchten durch solch schädliche Hagelruthe verderbt, sondern auch die Weingärten sind dadurch zur Wüste gemacht, darüber die Weingärtner bitterlich weinen und herzlich betrübet sein und ja auch billig, denn auf dieselben hatten sie ihr *(fatum)* Schicksal und alle Hoffnung gestellet. Aber vergebens; denn die Weinstöcke stehn alle dürr und sind verdorrt, wie der Profet Joel im 1-sten Capitel sagt. Uns solches ist von Verletzung des Hagels, darauf auch hernacher ein sehr harter, frostiger, mit trockner Kälte und wenigem Schnee Winter erfolget. (An vielen Orten des Landes ist kein Schnee gewesen.) Ausgestandner Hagelsruthe, wie auch harter Kälte des Winters verhofft man noch etwas Nutzen davon künftig zu haben, aber vergebens sein dürre gewesen im Frühling. Darauf sie in der großen Helt, Katzlang und Reichmann ausgehauen (sehr wenig ausgenommen) worden. Die Altberger *(exempt)* ausgenommen, (wie auch der Hagel in vorbenannten Jahr auch daselbst zu zween unterschiedlichen Malen und Zeiten aber doch leidlich getroffen und geschlagen hat). Solche Ausscheidung ist aber nicht uns allein widerfahren, sondern das ganze Land (Weingärten *(exempt)* ausgenommen) hat solche unwillige und hochschädliche Arbeit und Plage dulden und leiden müssen. Es sind aber unsere Weingärten durch den Hagelstein dermaßen zerhackt worden, daß man ein einziges grünes Blatt, viel geschweige eine Traube, oder Weinbeere nicht hat finden können (die Altberger ausgenommen). Und weil ich *(scriptor)* solches Alles wohlerfahren und gesehen, kann mein ungeschickter (Fedderkeul) Federkiel nicht vorbeigehn mit einem Wort die Ungestümmigkeit, die zur selber Zeit gewesen, zu berühren folgender Gestalt:

Am oberwähnten Tag fast um 6 Uhr Abends, hat und ist hervorgegangen *(ab Occidente)* vom Abend ein sehr schwarzer, dunkler, dicker Wolken, welcher sich *(versus Septentrionem)* gegen Mitternacht gekehret und auch hinübergezogen, welcher hier nichts verletzet hat. Verlaufner fast einer halben Viertelstund ist noch viel ein schwärzerer, tunklerer hervorgegangen solcher Gestalt, daß wenn er angesehn ist worden, dem menschlichen Herzen bang ist worden mit schrecklichem Sausen und Brausen voll Hagel vermischet. Dieser hat *(ab occidente)* vom Abend von Türkei *(versus orientem)* gegen Morgen herauf kommend, fast alle Hättert wo nicht an Korn und Weinbergen zugleich, doch an einem unter diesen Zweien großes Herzeleid angerichtet, da er dann hernacher seine ganzen Hefen über unsern Hattert und Dorf stehend und wüthigen Grimm ausgeschüttet mit schrecklicher Ungestümmigkeit und Grausamkeit (wie gesagt) zernichtet. Welche Ungestümmigkeit fast eine Stunde angehalten mit Hagel-Auswerfen hat, mit schrecklichem Blitz und

Donner Niderschlagen, wie einst stets beim währenden Hagel-Werfen am anderen gewesen dadurch die Dielen bebeten als ein Blatt, daß kräftig vom Winde agitiret wird. Nach diesem ist ein sehr großer (Reyn) Regen (zweifel auch nicht, daß Wolkenbrüche am Gebirge möchten sein gewesen) dadurch nicht nur allein die Bäche, welche sonsten auch keine große Tiefe haben, sich so heftig und grausamlich ergoßen, sondern auch sonsten alle festen Oerter mit Wasser dermaßen begabet, daß man in der Gasse bis gegen dem Knie fast im Wasser gegangen, dadurch die auf dem Felde in der Ernte gewesen verursachet worden, unter freiem Himmel zu verbleiben, ihr Unheil theils mit blutigen Köpfen daselbst müssen beweinen, theils auch in die Heuhaufen (welchen das Glück soweit gestrahlet) sich verborgen. Ja, was durch die Hagelruthe ist unverletzet geblieben, das ist hernacher durch Ergießung des Wassers (welches alle Ufer überschwommen) verschlämmelt worden. Alle Keller der Schule hinunter wohnend sind voll Wasser gestanden, insonderheit aber Andreä Herberts dermaßen mit Wasser angefüllt, daß er selbiges zum Kellerfenster hinausgestoßen, was im Keller gewesen, da ich nebenst ihm viele herausfahrende Sachen aufgefangen: Welches Alles wahrlich wohl werth ist, daß es Kindskindern sollte angezeigt werden.“[42]

Diese Anzeige geschah denn durch die vorliegende auf Ansuchen des Hannen Peter Mogyesch, der Geschwornen Georg Hankesch, Gerorg Reichhard und der Mitbürger David Wegmet, Blasius Hinz, Mathias Melzer vollzogne Aufzeichnung am 18-ten Mai 1672. -

Der Gemeindebankrott 1672.

Doch bei weitem wichtiger, als dieser umständliche Bericht des Rektors Michael Schobel ist eine andre in dem Archive befindliche Schrift aus demselben Jahre, woraus sich der traurige Zustand der herabgekommnen Gemeinde in seiner vollsten Blöße herausstellt. Es ist dies eine Gemeinde-Statut, welches uns darüber belehrt, daß die alte Rechtgewohnheit, den Hannen und die Amtsleute um Weihnachten alljährlich zu erwählen, zwar noch fortbestand, aber diese angebliche

[42] Stammt dem vorausgehenden Gedenkschreiben des Notärs H. Essinius dem Rechnungsbuche entnommen.

Wahl diente nicht mehr dazu, die Ersten und Besten der Guten an die Spitze des Gemeindewesens zu bringen, sondern dazu, daß die unerträgliche Bürde des Amtes der Reihe nach auf Alle übertragen werde. Wie sich um eine Zeit Niemand finden wollte, die dornenvolle Fürstenkrone des Landes auf sein Haupt zu setzen, so weigerte sich in der entnervten Gemeinde Jedermann vor der Würde des Hannen-Amtes. Denn es seien, sagt uns die denkwürdige Urkunde: „durchs ganze Jahr viel Widrigkeiten, Anfechtungen, Bedrängniß und Geldaussaugens von allen Seiten, daß wohl unterweilen einem Christenen Menschen davon die Ehren (Ohren) gellen und das Herz im Leibe erschreckt und erzittert. Insonderheit sei viel Ausgebens beim Hannen, wovon man sich nicht frei zählen könne, da man an der Landstraße liege und die größte Last des Stuhles tragen müsse. Die Gemeinderegister weisen es nach, wie die Hannenschulden durch die Hofdiener unsrer höchsten Obrigkeit I.F.G (Ihre Fürstliche Gnaden) gemacht und gegenwärtig bis auf 2091 fl. 3 d. gewachsen sein. Es sei daher unmöglich die vom Jahre 1640 bis zum Jahre 1660 rückständigen sich abzulegen – (d.h. zu bezahlen). Obwohl nun diese Ausgaben alljährlich geschähen, seit dem die Ungarn das Oberregiment des Landes bekommen, welches die Sachsen 371 Jahre ritterlich geführt hätten (vergl. Tröster neues und altes Dacien); sei doch ein Jahr leichter, wie das Andre gewesen. Die Schulden seien nun aber emporgeblieben und konnten nicht gezahlt werden, sintemal der Allerhöchste Gott so wunderlich mit der Gemeinde gespielt, daß, was dem Schwerte entfloh, von der Pest ergriffen wurde und die Gemeinde dergestalt dünne gemacht worden sei, daß auch nicht ein Drittel des früher volkreichen Ortes noch übrig wäre. Die Steuern haben sich aber jährlich gehäuft und gemehrt, so daß die höchste Noth eingetreten sei. Alle Inwohner, die das Dorf besitzen, hätten Hannenschulden zu fordern nicht nur von der eigenen Amtsführung, sondern, weil die Kinder sie (da Saufen und Güter beides auf Kinder vererbe) von den Eltern geerbt hätten. Weil es nun unmöglich sei, diese Schulden auszuzahlen, habe man lange her auf Wege und Mittel ihrer Tilgung gedichtet, um sich zu erbauen und die Gemeinde zu erhalten.

Diese Mittel seien nun von ihnen, dem Hannen Peter Modgyesch, den Geschwornen Georg Hankesch und Georg Reichhardt, den Mitbürgern David Wegmet, Mathias Melzer, Blasius Hinz, wie auch von der ganzen ehrlichen Altschaft als: Mathias Czeck, Andreas Herbert, Mathias Azmer, Andreas Sielner, Georg Mogyesch, Andreas Mogyesch, Martin Conrad, Georg Wonnert, Balsius Alvert, Gallus Binder, Blasius Wegmet und auch von jenen, welche Hannenschulden zu fordern haben, bewilligt oder bejaht, mit einhellig zustimmendem Consens der ganzen Gemein erfunden, gewidmet, gesetzet und geordnet, daß wir alle Hannenschulden vom Jahre 1640 bis 1660 weggeschlagen, d.h. bestimmt haben, daß weder Einheimische, noch außer der Gemeinde wohnende Kinder oder Freunde, welche solche Schulden zu fordern hatten, Macht haben sollen, dieselbigen zu fordern!“

So wurde vor bald zweihundert Jahren ein förmlicher Gemeinde-Bankrott gemacht und verkündigt. Und welchen traurigen Blick eröffnet uns die nachfolgende Begründung desselben auf die damit verbundne Verdorbenheit des öffentlichen Gewissens! –

Der erste Grund des angeführten Beschlußes beruht nämlich, wie es in dem Statut weiter heißt, darauf: „daß damals bekanntlich der Wein Achtelsweise den Gästen sei aufgetragen worden, wobei es öfters vorgekommen, daß die Maaß noch halb mit Wein voll gewesen, wenn man eine frische geholt und dann die frisch geholte Hälfte wieder als ganze Maaß auf das Kerbholz gekommen sei. Zweitens sei öfters das halbe Theil Wasser gewesen, wie auch noch lebendige Zeugen (so damals in Aemtern gewesen) zum Zeugnis zu finden seien. Drittens sei vom Käse, Speck und dergleichen Alles auf´s Höchste gerechnet worden, wodurch ein großes Register gemacht worden sei, dergestalt, daß bei Vielen die Schuld von ihren Hannenämtern so hoch gestiegen, daß sich ihr ganzes Vermögen nicht soweit erstreckt habe. Demnach haben Obige mit allgemeinem Consens beschlossen und erkannt, daß sich ihre Müh´ und Ausgaben sich mit den Hannengulden, welche dazumal von jedem Einwohner zwei Floren und von den Einwohnern unsers auf dem Hattert liegenden Dorfes Roodt je 1 fl. betrugen, bezahlt hätten, das Uebrige abzuschlagen sei. Viertens hätten sie sich ihre Schulden auch mit dem Korn aus der Mühle bezahlt. Fünftens sei dieser Abschnitt und Abschlag darum gemacht worden, damit die Jungmannschaft gemehrt und gebessert und unsre auf den Hefen seiende Gemeinde erhalten werde. Denn sollten sie denen, welche Schulden zu fordern haben, ihre, oder von ihren Eltern ererbte Schulden ablegen, und von obbestimmter Zeit zahlen, so wäre es viel unmöglich, wenn sie auch Alles verkauften, was sie haben; denn die Armuth sei dergestalt eingerissen, daß das meiste Theil unsrer Mitbürger und Einwohner nicht einen eignen Bissen Brod hat und – was noch ärger – sich das meiste Theil von Haber nähren und zehren müssen. Demnach soll dieser Consensus weder von Einheimischen, noch von Fremden violirt und gebrochen werden können, sondern ein Jedweder soll und wird mit seinem obbestimmten Deputat müssen zufrieden sein.

Weil es aber geschehen, daß solche Schulden alle weg und abgeschlagen sind worden, sintemal man zu schwach und arm sei, sie zu erlegen, ist ferner dieses gewidmet und geordnet worden vom ganzen Weisen Rath, wie auch der Löblichen Altschaft mit Beistimmung der ganzen Communität, daß hinfüro die Hannen nach der Reihe genommen und ein Jedweder solche Last zu tragen soll genöthiget werden. Damit sich aber ob diesem Abschlag Niemand in seinem Herzen möge kötzeln und daraus möge Veranlassung nehmen, nun desto gefüglicher wegzuziehn, in der Meinung, daß nach diesem Abschlag der alten Schulden, die in Summa 2091 fl. 3 d. betrügen, nichts dem Abzuge entgegen stehe, sei zugleich festgesetzt worden, das selbige nur den Bleibenden und die Gemeindelasten Mittragenden erlassen seien, wolle aber Jemand sowohl von den Aeltesten, als von der Mittelschaar und auch vor den Jüngsten ausreißen vor der Bürgerschaft, so solle er verbunden sein *plenarie* zu zahlen von Heller zu Heller und keineswegs freigesprochen werden, bis das er Alles bezahlt. Sollte es geschehen, daß sich solchem einhelligem Beschluß Jemand wollte widersetzen, dem soll nebenst seiner Frau gegeben werden ein Hau und also seine ganze Erbschaft, sowohl Bewegliches als Unbewegliches der Gemeinde anheimfallen."

Damit aber solcher einmüthige Beschluß nicht möchte kraftlos bleiben, habe man ihn *pro futura cautela* (zu künftigen Sicherung) mit dem Gemeindesiegel befestiget und bekräftiget, im Messsianischen Jahre 1672 den 15ten Februar in Gegenwart der Obgenannten und Eingeschriebenen, wie auch des Michael Schobel aus Probstdorf, derzeitigen Rektors, und wurden der Urkunde anstatt eines drei Siegel mit demselben Gemeindesiegel beigefügt mit dem Unterschiede, daß das Erste mit Papier gedeckt, das zweite in rothes Siegelwachs, das dritte dagegen in einen braunen, durchsichtigen, glänzenden Lack abgedruckt ist, überall aber dasselbe traubenartige Bild darstellt.[43]

---

[43] Gemeinde-Archiv Fasc. III. Nr. 18.

Bitte um Contributions-Nachlaß 1672.

So hatte eine böse Zeit das freie Bürgergeschlecht zu Sklaven der Gemeindenoth gemacht, deren Freihthum überflüßiger Hattert zusammt ihrer darauf befindlichen, untergebenen, wallachischen Gemeinde gleichsam zum Spott der Freiheit des Reichthums und der Herrschaft unter den Fessseln derselben geworden ist. - Die außergewöhnliche Größe dieser Noth wird noch durch verschiedene Zeugnisse beleuchtet und bestättiget. In „alleruntertthänigster Demuth“ fühlt sich die Gemeinde um dieselbe Zeit „aus sonderlichem Nothszwang gedrungen, bittend unter die Augen der Löbl. Universität zu treten, gebührlich beichtend, waßmaßen der höchste Gott sie zweifelsohne wohlverdienter Strafe wegen im verwichenen Sommer dermaßen mit Mißwachs und unerhörter Hagelruthe heimgesucht habe, so daß es menschlicher Vernunft noch unmöglich erscheine, das Dorf bei den großen Expensen (Ausgaben) und solch unfruchtbarem Jahr aufzuhalten, waßmaßen das meiste Theil allbereits am Hungertuche nage und nicht einmal das liebe Brodt geschweige die großen Zinsen haben könne und bittet mir alleremsigstem Flehen, sie bei dieser schweren Zeit mit der Contribution dermaßen zu relaxiren, daß sie nicht unter der Last niederbrechen, sondern in´s künftige wieder behülflich sein möchte.“

Hierauf eröffnete die Universität derselben am 23ten Januar 1672: „es sei dem Offiziali schon anbefohlen nebenst den Stuhlsgeschworenen ein und dem anderen Stuhlsort in Consideration zu nehmen und in Betracht der darüber ergangenen Strafe Gottes den auf sie fallenden Zins etwas zu erleichtern.[44] Im darauf folgenden Jahre 1673 findet sich auch Fürst Apafi bewogen, die erschöpfte Gemeinde von der Bewirthungspflicht freizusprechen.[45]

[44] Am angeführten Orte Fasc. III Nr. 18.

[45] Gemeinde-Archiv Fasc. I. Nr. 26

Bitte um Nachlaß der Steuer und Lieferung an den Stuhl 1681.

Die eingerissene Noth läßt sich indessen nicht so leicht bewältigen, wie die Flehenden gehofft hatten. Sie wird im Gegentheil immer größer und unheilbarer. Es ist eine wahre Jammerzeit, die man durchzukämpfen hat. Schon im Jahre 1681 ergeht ein neues Bittschreiben der Gemeinde an die Universität um daselbst vorzustellen: „Es sei eine ziemliche Zeit verschienen, seit dem Bürgermeister- und Richteramte der beiden seeligen Herrn Johann Reißners und Johann Lutsch, zu welcher Zeit auf Ansuchen unsrer Herrn *Mercuriensium* ihnen von *aplissimus Senatus* sei verabschiedet worden, daß unsre arme Gemeinde zu den Stuhlsbedürfnissen jährlich 95 fl., 15 Kübel Korn und 18 Kübel Hafer präsentieren solle. Dieses hätten unsre damals abgeordnete zwei Männer aus Einfalt nicht zu beantworten gewußt, sondern dabei gelassen. Als sie aber nach Hause gelanget und diesen Bescheid angezeigt, sei die ganze Gemeinde erschrocken und weil es zu spät gewesen, an einen Wohlweisen Senat zu replicieren, habe man unsre zwei in Hermannstadt gewesne Männer nach Reußmarkt zu unsren Weisen Herrn *Officialibus* verschickt mit Vermeldung, daß die Gemeinde bei solchem Beschluß sich durchaus nicht acquiesciren (beruhigen könne), weil es ganz unmöglich wäre, neben den unaussprechlich großen, übrigen Ausgaben, auch diese Last zu tragen. Die weisen Herrn möchten mit den Männern machen, was sie wollten. Wenn demnach - heist es ferner: die Bürde bei uns immer zu, wir aber an Hab und Mannschaft je mehr und mehr abnehmen, dermaßen zwar, weil wir den vierten Theil der ganzen Stuhlsbeschwerniß in Zins und Allem tragen, daß wir mit Wahrheit bezeugen können, unsere Männer haben im verschienenen 1618ten Jahr Einer vor sich und seinen Hof in den Taller-Tax *Imp. 13*, in der extraordinären Zins fl. 10 geben müssen, zu geschweigen der immer kontinuirenden Reisen, *gazdalkodás* auf unsren eigenen Herbergen und überaus großen Hannen-Expensen, daß billig jeder fromme Christ billiges Mitleiden mit uns tragen sollte, wenn wir unsre Beschwerden alle zu Papier bringen könnten. Genug ist´s, daß die Verzweiflung die Gemeine zu behalten bei uns so groß ist, daß wir bei unsrer Gemein jeztund nicht mehr denn sechs Knechte haben, wiewohl wir die junge Mannschaft zu behalten auch keine Hannenschulden vom Armuth extorquiren (auspressen), sondern bis auf gelegene Zeit (wills

Gott) sinken lassen mit endlichem Verderben der Amtsleute. Wenn dennoch solches Alles von uns armen , wenigen Leutchern eben als da wir zweimal soviel waren (als jetzund) mit Strenge und Androhung des Kerkers verlangt wird; ist unser sehnliches Flehen, es wolle doch Euer Namhaft-Fürsicht-Weisheit unsre unerträglichen Beschwerden sich zu väterlichem Herzen reichen lassen und uns sowohl von obbenannter Contribution entbinden, und auch in der Leistung des Viertheils der Stuhlsreisen und andrer Beschwernisse eine andre Modalität auffinden, welches wir aber gleichwohl nicht also begehren, daß Solches dem uralten Gebrauch nach geschen sollte, da der ganze Stuhl nach Großpold hat contribuiret, wie solche Alles unsre verschiednen, auch noch vorhandnen Handschriften klärlich genug ausweisen.[46] Werden wir demnach diesfalls Barmherzigkeit bei Euer Namhaft-Weisheit erlangen können, (weil sich höchlich zu befahren, daß sonsten der schöne, große Hattert, so unsrer tapfern Vorfahren edles Blut gekostet, bevoraus aber das heilige Gotteshaus den Wallachen zu Theil komme), wird´s der treue Gott Euer N. u. W. nicht unvergolten lassen."

Der Bescheid auf dieses anstatt eines schärfer verfaßten der Universität vorgelegte Bittgesuch lautet: „Supplikanten werden auf eine gewisse Zeit, nämlich bis ihre Gemeinde sich etwas rekolligiret und zunimmt, der Last die fl. 95. - Korn und Hafer in den Markt zu kontribuiren, entbunden und enthoben und sollen die Herrn *Oppidani* so lange mit ihnen Mitleiden haben, weilen ja auch Anno 1665 solches von Einer Löblichen Universität also erkannt worden. Am 1sten Februar 1681."[47]

Bitte den Dobringern gleichgemacht zu werden.

In einem andren muthmaßlich derselben Zeit angehörigen Bittschreiben wendet sich die Gemeinde an den Hermannstädter Königsrichter mit dem Ansuchen: „sie kämen, wie sie schon öfters gethan hätten, abermals bittlich anzuhalten, damit doch der Gemeinde einmal möchte abgeholfen werden insonderheit dadurch, daß sie nicht mehr den 4ten Theil der ganzen Stuhls-Beschwerniß an Zins, Taxen, Reisen und

[46] Gemeinde Archiv Fasc. III. Nr. 18

[47] Ebendaselbst

dergleichen tragen müßten, weil sonst auch sie endlich, wie die Tschappertscher und Kleinpolder vor etlichen Jahren, die Laudeser aber vor einem Jahre gethan, ihre Gemeine auflassen müßten. Großpold liege nämlich an der Landstraße, wohin sich, wie es wohlbekannt, die meisten Hindernisse drängen. Weil Seine N.F.W. der Krankheit wegen ihnen nicht werde abwarten können, fragen sie sich um die Erlaubniß an, sich an den Herrn Bürgermeister wenden zu dürfen. „Aufs wenigste" verlangen sie: den Dobringern, die des schlechten Weges wegen und zur Folge der Lage zwischen den Bergen von fast Niemand belästiget würden, jetzt aber mit Pold gleich volkreich wären und eine bessere wallachische Gemein auf ihrem Hattert hätten, gleich gemacht zu werden." [48]

Ebenso wird im Jahre 1686 abermals an die Löbliche Universität geschrieben: „Wir arme Leute sind benöthiget, in unsrer großen Noth und unerträglich überhäuften Bürden unsre Zuflucht zu Euer Namhaft Fürsicht Weisheit zu nehmen, indeme in unserem Stuhl die wenigen Teutschen, welche bei unsrer Väter Zeiten die Gemeinbürden tragen helfen, fast ganz abkommen sind, und eine *Colluvies* oder Menge Wallachen ihre Oerter besessen, also daß uns armen Leuten, so ohne das in der Straße liegen und von den Reisenden unerhörten Bürden unterliegen müssen. Damit demnach uns armen Leuten geholfen und unser Untergang *praecaviret* (verhütet) werden möge, gelanget an E.N.F.W. unser unterthäniges Ansinnen, selbige wollen unsre *onera* (Lasten), deren wir des ganzen Stuhls vierten Theil mit großem Kümmerniß tragen, in etwas lindern und eine solche *proportion* (Auftheilung) treffen, daß wir unter E.N.F.W. väterlichem Schutze in etwas respiriren (uns erholen) mögen. Welches der liebe Gott E.N.F.W. hier zeitlich und dort ewiglich vergelten wolle, wobei wir auch E.N.W. treue und gehorsame Unterthanen verbleiben. [49]

Die dem Schriftstücke beigefügte Resolution der Universität vom 28ten Januar 1686 authorisirt die Hermannstädter Herrn Officiales den Großpoldern bei nächster Gelegenheit zu helfen.

---

[48] Ebendaselbst

[49] Ebendaselbst

Vorstellung des Pfarrers Daniel Femger wegen Gefahr der gänzlichen Auflösung. 1686 – 1691.

Endlich erheben auch die geistlichen Hirten ihren Nothschrei für die Gemeinde. Eine in ihrem und ihrer Zuhörer Namen an die Löbliche Nations-Universität verfaßte Bitte des Daniel Femger Pfarrer zu Großpold, Magister Isaak Zabanius Pfarrer zu Urwegen und Bartholomäus Fabritius Pfarrer zu Dobring lautet wörtlich: „Maaßen uns an, dero Namhaft Fürsicht Weisheit in unsrer Gemeinen äußerster Noth gehorsamlich vorzutragen, waßmaßen unsre Zuhörer mit unerträglichen *exactionibus* (Auflägen) dermaßen erschöpft werden, das es unmöglich solche zu ertragen. Maßen Urbegen und Großpold binnen drei Jahren jede Communität sonders 18,000 fl. baar erlegt, thut die ganze Summe fl. 36,000 außer den Viktualien und andern Ausgaben, die fast ebensoviel als die Baarschaft machen. Dobreng belangend (Gott sei´s geklagt) wenn es nicht abgebrannt wäre, hätte beinahe auch soviel geben müssen. Und weil Laugdes ganz wüst und zu Kleinpold nur 18 Wallachen übrig, auch die übrigen Gemeinen zur Flucht sich neigen, sorgen sehr, unsre Dörfer werden auch das Reißaus vornehmen mit höchstem Schaden des ganzen Revires (Gebietes). Auf dieses angesehn flehn wir sammt unsern Zuhörern dero väterlich gesinnte Vorsorge an, bittend um ein Mittel unsers Verbleibens zu erfinden, und unsre schönen Gemeinen nicht zur *Desperation* (Verzweiflung) gelangen zu lassen. Werden sammt und sonders sothane hohe Gunst umb selbiger zu bedienen und befleißigen. Empfehlen hiemit E.N.F.W Gott und verharren dero gehorsamte Diener.“[50]

Die Schrift trägt keine Jahrzahl. Da aber Isaak Zabanius nur von 1686 bis 1691 Pfarrer in Urwegen war, so ist wenigstens soviel gewiß, daß auch dieses Gesuch in eins derselben fünf Jahre fallen muß.

[50] Ebendaselbst

Bewirthungskosten im Jahr 1680.

Um uns indessen auch von den sogenannten Bewirthungskosten jener Zeit ein klares Bild machen zu können, wollen wir uns beispielsweise das Hannenregister über die verschiedenen Boten des Jahres 1680 berichten lasssen:

„Erstlich kommen“ - so heißt es darin: „Kendefi Miklos und Kendefi Gabór“ mit 70 Personen, liegen hier über Nacht und morgens gefrühstückt, kostet	fl	35	90	Den.
Item kommt Basta Thomas reiset in den Landtag bei 50 Personen, liegt über Nacht	"	23	28	"
Item kömmt eine türkische Legation liegt über Nacht und früh- stückt mit vielem Gesinde	"	17	-	"
Kömmt Basta Thomas aus dem Landtag zurück, liegt über Nacht, kostet	"	16	30	"
Item, als die Türken zurückkamen, liegen über Nacht kostet es	"	6	26	"
Item, als die Hermannstädter Herren in den Landtag ziehn, kostet es	"	3	-	"
Item, als die Kosakische Legation ist hier gewesen über Nacht und gefrühstückt, kostet	"	18	65	"
Item, als die wallachische Legation von Weißenburg sind zurückgekommen, kostet	"	32	41	"
Item kommt abermal eine wallachische Legation, reiset nach Weißenburg, kostet	"	34	-	"
Kommt abermal Bartsi Akos mit vielem Gesinde, lieget über Nacht, kostet in Allem	"	32	-	"
Zusammen	fl.	210	20	Den.[51]

[51] Aus dem Hannenregister des Jahres 1680. Fasc. III. Nr.16

Schulden-Noth. 1685.

Auch das nachfolgende, letzte Jahrzehend des 17ten Jahrhunderts bringt keine Heilung des Uebels. War man schon in diesem mit den heimischen Schulden nicht mehr ausgekommen, war die Gemeinde - wie dies eine Handschrift des ersten Predigers aus Mühlbach Stefan Brath darthut, - diesem die Summe von fl. 15 im Jahre 1685 schuldig geblieben, wovon er jedoch 8 fl. großmüthig an die Kirche schenkte,[52] so sehn wir den Umfang solcher Schulden seit dem Jahre 1690 immer bedeutender werden. Insbesondre ist es der Herr Clarissimus Femger, dem die Gemeinde große Summen schuldet und es ist nicht uninteressant zu erfahren, unter welchen Bedingungen und Klauseln selbst bei diesem sonst mildesten und günstigsten Gläubiger die Schulden gemacht wurden. In einer über die Theilschulden vieler einzelner Schuldner ausgestellten Handschrift vom Jahre 1691 verpflichten und verbürgen sich dieselben aus ihren besten Weingärten mit Most zu bezahlen. Sollte jedoch der Most nicht zureichen, so soll mit Geld bezahlt werden und wird dem Herrn Creditor eingeräumt, falls der eine oder der andere Schuldner mit Tode abginge oder Armuths wegen nicht bezahlen könnte, nach Belieben Alle insgemein, oder Jeden von den Bürgen einzeln anzugreifen und in Hermanstadt, Reußmarkt, oder auch an andren Oertern aufzuhalten, zu verbieten, gefänglich einzuziehn so lang, bis Herr Creditor auf einen Heller werde bezahlt sein. Dafür verbürgen sich Alle mit Hab und Gut, beweglichem und unbeweglichem und verpflichten sich, daß Creditor mit Geld nicht mit Ochsen oder Kühen sollte bezahlt werden. Ueberdies geloben die Schuldner neben der Altschaft, weil ihnen Herr Clarissimus fl. 50 an Interessen erlassen und geschenkt habe, ihm zum *gratias* (Danke) für diese erwiesene Gunst 25 Faß Wein unentgeltlich nach Hermannstadt zu führen. Die Schuld betrug fl. 580.[53]

In einer andern Handschrift vom Jahre 1692 bekennt das Amt vom Herrn Clarissimus am 10ten Juli fl. 1000 empfangen zu haben, um sie in den Landeszins zu geben, alldieweil desselben Säumigkeit große Unkosten in großer Theurung verursachte als die 39 Katanaken, oder ungrische *Executores* zu Reußmarkt gegenwärtig waren und sonst nirgend eine solche Summe Geldes zu bekommen war. Die Bedingungen lauten: 1)

[52] Gemeinde-Archiv, Fasc. III. Nr. 18.

[53] Ebendaselbst

dieses Geld nächsten Herbst mit Most abzuzahlen nach der Limitation, so viel sie könnten, das Uebrige um Martini nicht mit Vieh, oder andern Sachen, sondern mit baarem Geld. Auch sollen die 20 Schuldner erst dann von dieser Schuld und Bürgschaft frei sein, wenn Alles bis zum letzten Heller bezahlt sein wird. 2) Sollte Clarissimus sterben, so sollen die Schuldner seinen Erben die Interessen gebührlich zahlen, wiewohl er keine Interessen bei seinen Lebzeiten gefordert hat. 3) Stellen sich fünf besondre Hauptbürgen. 4) Verbinden sie sich neuerdings die 25 Faß Wein unter eigner Gefahr unentgeltlich nach Hermannstadt zu führen. 5) Geloben sie aus Gegendankbarkeit vom 10ten Juli an dem Clarissimus soviel Faß Wein auszuschenken, bis die geliehenen fl. 1000 erstattet sein würden, damit er seine vielfältig vorfallenden Nöthen bestreiten könne. Auch versprechen sie, daß bis zur Abzahlung Niemand anders Wein ausschenken solle. Die darüber dennoch etwa Ertappten sollen *toties quoties* mit fl. 5 bestraft werden. Der Preis des Weines solle Anfangs 10 Den. Sein - dan später dem Werthe nach steigen.[54]

Laut einer auf Befehl des Clarissimus angeblich der gefährlichen Zeiten wegen durch den Mühlbächer ersten Prediger Simon Lyntz verfaßten Abschrift beträgt die Schuld im Jahre 1693 noch 497 fl. 73 Pfennige. Die Schuldner räumen auch hier wieder ein, sie wo immer zu greifen und in Arrest zu werfen, bis daß die Schuld *ad assem* (zum Heller) bezahlt sein werde. Auch die gesetzliche Frist der sechs Wochen und *Quindem* (?) oder drei Tag sollen sie nicht ansprechen dürfen, noch einen rechtlichen Einwurf intentiren (ergreifen), sondern zahlen nach *Statutorum liber III.*Titel 7. §. 23.

Trotz solch harter Bedingungen mußte die Gemeinde am 9ten Aprill 1693 abermals 800 fl. vom Pfarrer aufnehmen, um die restirenden Commiß-Portionen an Korn Hafer, Heu und Fleisch völlig zu entrichten, maßen desselben Säumigkeit ihr einmal große Unkosten gebracht und sie in große Theurung gestürzt und man noch gefährlichere Persecution und Execution zu befürchten hatte. Die Bedingungen sind den frühern ähnlich, nur mußte dem Creditor die Schankgerechtigkeit sofort vom 9ten April übergeben werden.[55] An einige Hermanstädter Gläubiger mußten die Schuldner außer denselben harten Bedingungen noch 10 Procent Interessen zahlen.

---

[54] Ebendaselbst

[55] Ebendaselbst

Neues Bittgesuch vom Jahre 1693 enthaltend die Lieferungs-Quanta und den Verfall der Gemeinde.

In solcher Noth wendet sich die Gemeinde 1693 wieder mit einem *supplex libellus* (Bittgesuch) an den Grafen der Nation. Sie beruft sich darin zunächst darauf, daß man noch immer hoffe zu recht zu kommen, da man in den letzten Zeiten das nöhtige Geld im Namen der Gemeinde geborgt habe, um die schuldigen Portionen und dergleichen zu bezahlen.

„Allein die mächtige Quanta, welche wir Großpolder, etwa 40 Wirthen gute und Sedler zusammengerechnet, von so langen Jahren her entrichten müssen (wobei es zu verwundern sei, daß in Erwägung solch großer, unerhörter Gäste aus den edlen Ständen Niemand zur Verwundrung, Mitleiden und etwa einer Lindrung kann bewogen werden; denn wo diese Lasten weiter dauern, ist unmöglich, daß wir die Gemein länger aufhalten können) sind dieses Jahr (1693) folgende:

Kornportion 298 Kübel, wovon 240 *in natura* entrichtet wurden, 50 Kübel aber mit 240 teutschen Gulden bezahlt worden sind.

Item haben wir aufs Neue dem Loth nach angeschlagen 75 Kübel, welche wir aufs baldigste, alle Tage in die Dömrich und Klausenburger Magazine zahlen sollen.

An Hafer ist unsre Portion 638 Kübel gewesen und sind 152 Kübel mit fl. 200 bezahlt, das Uebrige in natura abgeführt worden.

An Heu ist unsre Portion 182½ Wagen gewesen. Davon haben wir 22 Wagen mit 66 fl. bezahlt. Das Uebrige in natura geliefert.

Die Weinportion betrug 17 Faß a 40 Eimer und 14 Eimer. Diese sind bezahlt worden das Faß zu 42 Gulden mit 729 fl. und 40 Den.

Die Fleischportion betrug 132 Zentner – a Zentner 4 fl. haben wir bezahlt mit fl. 528 Gulden. 9 Zentner wurden wir gezwungen mit fünf Stück Ochsen zu ersetzen, die wir um fl. 91 gekauft haben.

Beim Durchzug des Hauptmanns Marmilli mir zwei Compagnien vom Hondolischen Regimente, der drei Tag hier im Quartier gelegen, mußten

10 Wagen Heu, 5 Zentner Fleisch und 10 Kübel Hafer kontribuirt werden ohne das, was die Wirthe dazu thun mußten.

Dem Klausenburger Präsidio wurde dem Loth nach bezahlt 330 fl. und restirte die Gemeinde noch überdies eine im vorigen Jahre gemachte Schuld von fl. 1000.

12 Höfe seien wüste, 18 Wirthe besäßen bereits keine Ochsen und bis die Schuld gezahlt würde, werde man erst erfahren, wie viele Ochsen noch in der Gemeinde blieben."

So klagt die bedrängte Gemeinde am 27sten April 1693 dem N.F.W Herrn, schlüßlich den rührenden Wunsch beifügend: „Gott möchte ihn schützen und erhalten, bis er die arme sächsisch-teutsche Nation in einen guten Zustand gebracht und fröhlicher guberniren möchte können."[56]

In gleicher Weise bezeugt ein im Jahre 1695 mit einem Faßbinder geschlossener Vertrag, worin ihm ein billiger Hof, mehrjährige Lastenfreiheit und andre kleinere Vortheile angeboten werden mußten, damit er komme, die Noth der Gemeinde.[57] Und wenn auch zu Folge einer im Jahre 1698 aufgenommenen Zählung die Zahl der Wirthen auf 84, und die der über 20 Jahre alten Knechte wieder bis zu 20 gestiegen war, so deutet dennoch die ebenfalls daselbst verzeichnete Anzahl von 288 Stück Ochsen auf die noch immer recht große Artmuth.[58]

[56] Ebendaselbst
[57] Ebendaselbst
[58] Ebendaselbst

Kläglicher Zustand am Ende des $17^{\cdot\text{ten}}$ Jahrhunderts.

Also erscheint uns das Bild der Gemeinde Großpold am Ende des 17ten Jahrhunderts in einem äußerst kläglichen Zustande. Dasselbe Jahrhundert, welches durch den dreißigjährigen Religionskrieg dem deutschen Mutterlande so tiefe Wunden geschlagen, ganze Provinzen desselben verödet und den Wohlstand von Stadt und Land hier und da auf Jahrhunderte vernichtet hat, es war auch für dic an dic Ostgrcnze dcr abendländischen Cultur hinaus verschlagne Colonie ein eisernes. Insonderheit dem Unterwalde, namentlich seinem östlichen Theile, dem Reußmärkter Stuhle hat es unheilbare Wunden hinterlassen. Nicht nur waren überhaupt alle sächsischen Ortschaften an Volkszahl, Wohlstand, Bildung und Wehrhaftigkeit bedeutend herabgesunken, sondern drei derselben: Tschappertsch, Kleinpold, Logdes, waren gänzlich vernichtet und nur noch fünfe übrig geblieben, da der Untergang eines 9ten sächsischen Dorfes, Weißkirch im Westen von Reußmarkt, bereits einem frühern Jahrhundert anheimfallen muß. Mit thränenden Augen durchzieht der patriotische Geschichtsforscher insbesondere die auf dem kirchlichen Gebiete von ihm angerichtete Wüste. Wie groß und furchtbar muß der Sturm gewesen sein, der in allen Gemeinden des Unterwaldes die Zeugnisse des kirchlichen Lebens, Protokolle und Akten bis zum 6ten und 7ten Jahrzehent fast spurlos hinweggefegt hat. Keine unsrer Tauf-, Trauungs- und Todtenmatrikeln reicht meines Wissens weiter zurück, als bis zum 7ten Jahrzehnt des 17ten Jahrhunderts. Auch das aus den geretteten Capitularakten zusammengestellte und dadurch allerdings weiter zurückgehende Capitularprotokoll ist um dieselbe Zeit entstanden. Sein Inhalt beweist uns jedoch, daß das kirchliche Leben zu pulsiren nie aufgehört hatte. Läßt ja schon ein Chronik schreibender Rector, wie der uns bekannt gewordene Michael Schobel, mit Gewißheit schließen, daß Kirche und Schule auch im größten Jammer der Zeiten doch immer eine wichtige Stelle im Gemeindeleben einnahmen.

Kirchliche Zustände um 1664.

Freilich der rechte Ernst tiefer Frömmigkeit und männlicher Tugend mochte in so stürmischen Zeiten allerdings auch im geistlichen Stande sein erschüttert worden. In den Gesetzen und Regeln, welche das Capitel vor dem Wald zur großen Pold am 30ten Januar 1664 aus dem Synodal-Artikeln zu seinem Bedarf herausgenommen hatte, steht am Anfang: „weil wir erfahren, daß etliche Pastores und Diakoni (Pfarrer und Prediger) mehr sorgen, wie sie ihnen und ihren Weibern köstliche Kleider und andere vergängliche Sachen kaufen mögen, als etwa gute Bücher und auch etliche unter uns seien, die wohl gar keine Bibel haben, als befehlen wir, daß die, so keine Bibel haben, dieselbe kaufen bei Strafe von fl. 5. - Denar.“ In einem anderen Artikel wird den Pfarrern bei Jagd, Kartenspiel und häufiges Besuchen der Märkte vor der Synode verboten und das Unterwälder Capitel fügt noch hinzu: „daß Letzteres die Pfarrer den Feldschmieden und Theriaskrämern gleich mache.“ Auch der Tanz wird den Pfarrern bei 12 fl. Strafe untersagt und der Unfleiß, der sich im Lesen der Predigt kund gebe, gerügt.[59]

Pfarrerswahl-Prozeß 1674.

Dennoch beweist uns dem gegenüber grade ein die Gemeinde Großpold betreffender Pfarrerswahl-Prozeß vom Jahre 1674 hinreichend, daß es wenigstens an einzelnen, tüchtigen und gelehrten Männern innerhalb des Capitels auch um jene Zeit nicht gefehlt haben kann. Das bereits erwähnte Capitular-Protokoll erzählt, daß im berührten Jahre „ein unerhörter Eingriff“ in die Rechte des Capitels und des Marktes geschehen sei. Als nämlich im Jahre 1674 zur erledigten Großpolder Pfarre candidirt werden sollte, habe man mit dem Königsrichter Arz wegen eines Candidaten, der ein Verwandter des Herrn Comes Andreas Fleischer gewesen, nicht übereinkommen können. Indessen habe man denselben candidirt und die Großpolder haben denselben auch erwählt. Dennoch habe der Herr Königsrichter von seinem bösen Spiele schlechten Dank zu

[59] G.D. Teutsch. Geschichte der Siebenbürger Sachsen Band II. Seite 566 pp.

ernten bekommen. Auf die von ihm an den Herrn Comes erstattete Meldung habe derselbe die Großpolder mit dem Wahlbrief vor sich kommen lassen, einen Candidaten daraus gestrichen, einen Andern an dessen Stelle gesetzt und den Großpoldern eine abermalige Wahl anbefohlen. Die Gemeinde wählte jedoch den bereits Gewählten wieder. Hierauf habe sich der gewesene Herr Königsrichter Bartholomäus Kauntz zum Comes begeben und denselben durch sein falsches Zeugnis in seinem ungesetzlichen Eingriffe bestärkt in der Hoffnung, dadurch seinen Collegen aus dem Sattel zu heben. Als ihn aber sein Pfarrer deßhalb zur Rechenschaft gezogen, habe er es abgeläugnet.

Die Capitularen schritten nun zwar zur Präsentation, reichten jedoch vor derselben den anwesenden Hermanstädter Deputirten eine feierliche, förmliche Protestation ein, in welcher steht: „daß sie gegen den Vorgang des Hermanstädter Herrn Königsrichters als eine angemaßte Gewalt, welche der christlichen Freiheit des Capitels und des Marktes zuwiderlaufe, kontradiziren und protestiren und falls man aus diesem Exempel ein Recht machen wollte, so würden sie solchermaßen geschehene Berufung für unordentlich, ungesetzlich und gewaltthätig achten und solchen Pfarrer nicht als Bruder des Capitels aufnehmen, noch ehren und präsentiren. Solches thäten sie aber auf Erforderung ihres Amtes und der Nachfolger und Nachkommenschaft ihrer Wohlfahrt und Freiheit wegen nicht etwa aus Ehrgeiz, Mißgunst gegen andre, wohlgelehrte und geschickte Männer, welche sie von Herzen lieben und ehren und zwischen ihnen halten wollen, sondern damit die uralte Freiheit, Kirchenordnung und Recht gehandhabt, erhalten und verpflanzt werde und damit die Nachkommen sie nicht, wie stumme Hunde achten und lästern mögen.“ [60]

[60] Denkschrift des Mühlbächer Bezirks-Consistoriums vom Jahre 1862. Seite 10 – 12.

Pfarrer Johann Göndisch 1675.

Also sprachen die Capitels-Männer zu Großpold gegen den Eingriff des Nationsgrafen, bevor sie in das Gotteshaus gingen, um den neuerwählten Pfarrer, einen Verwandten desselben, Namens Johann Göndisch nicht nach der zweiten, sondern „nach seiner ersten gesetzlichen Erwählung ordungsmäßig“ zu präsentiren. Der so präsentirte Pfarrer zählt aber unter die wichtigsten der Gemeinde. Ihm verdankt man den noch übrigen Dokumenten zu Folge die Wiederherstellung des Kirchenwesens. Er hat die gegenwärtig älteste Kirchen-Matrikel angelegt und mit einem Verzeichnis sämmtlicher Gemeindebürger vom Jahr 1675 begonnen.[61] Mit seinem Einzuge in die keine Heerde erfahren wir die neuen Regungen ihres kirchlichen Sinnes. Schon im Jahre 1674 hat Tobias Fleischer, ein Verwandter des Pfarrers der Kirche einen „Persianischen Teppich“ verehrt. Gleichzeitige Geschenke von Georg Seiverth, Paul Modyesch und Frau Geckelin bedecken sofort das Amtsgestühl, die Les- und Sängerbank mit Tüchern und Teppichen. Zwei Jahre später verehrt Georg Werder einen Altar. Der Chor der Kirche wird ausgemalt und Göndisch selbst baut die bereits erwähnte Mühle im Seifen für die Kirche. Der Königsrichter Andres Arz - wahrscheinlich auch ein Verwandter des Pfarrers - stirbt im Jahre 1676 zu Großpold, wird unter das Amtsgestühl beerdigt und dessen Witwe verehrt der Kirche in Folge davon ebenfalls einen kostbaren Teppich.

Zunahme des Kirchengrundes durch Geschenke.

Aber bei weithem wichtiger als diese und die ihnen ähnlichen, fast ununterbrochen fortlaufenden „Ehrungen“ vergänglicher Geräthschaften, sind die nachfolgenden Vermächtnisse an Grund und Eigenthum, welches der Kirche und ihren Dieners meistentheils bis zum heutigen Tage noch zu Gute kommt. Dadurch wuchsen nämlich dem bereits vorräthigen, von Pfarrer Göndisch im Jahre 1676 in demselben Kirchenbuch

[61] Siehe Anhang Nro. II

aufgezeichneten Kirchen-Eigenthum[62] noch nachfolgende Grund- und Erbstücke hinzu, als:

Im	Jahre	1679	aus dem Legate des Georg Wonnert ein Erdjoch Land gelegen im Seifen, hart an der Kirchenmühle, auf Ration der Kirche;
"	"	1682	wurde von der Andres Mogyeschin ⅛ Weingarten im Katzling neben Merten Konnert an den Predigerhof beschieden.

In demselben Jahre hat auch Pfarrer Göndisch eine Wiese in der Mauld an den Predigerhof beschieden.

Im	Jahre	1686	vermachte Michael Szekelius, Schneidemeister in Hermannstadt, einen Garten im Higraben an den Predigerhof.
"	"	1684	wurde eine Wiese von drei Viertel im Maures neben Georg Rechert auf Pfarr-Nation gekauft.
"	"	1691	ist dazugekauft worden des Georg Rechert Wiese.
"	"	1692	den 27ten Mai auch des Andres Nietsch Wiese.
"	"	1696	ebenso der Gerg Theilin Wiese im Maures dem Herrn Pfarrer zu Nutz, weil er wenig Wiesen hat.
"	"	1711	verehrte am 3. Mai Georg Herbert ¼ Wiese in der Mold ebenfalls an den Predigerhof.[63]

So ist also das sächsische Kirchengut im Laufe der Zeiten Theils durch den opferwilligen Gemeinsinn frommer Spender entstanden und vermehrt worden. Und in diesen Zeugnissen des neubelebten kirchlichen Sinnes geht Hand in Hand die Herstellung und Verbesserung dessen, was Kirche und Schule vor Allem benöthigt. Dem Rektor wird am 9ten October des Jahres 1675 von jedem Wirthen je ein Eimer Wein zur Aufbesserung seines Salärs zugesetzt. Im Jahre 1677 wird der große Kirchthum aufgerichtet. Die Kirchenfenster werden gemalt, zinnerne Leuchter angeschafft und dem Schulgebäude die Fenster vergrößert.

[62] Siehe Anhang Nro. III

[63] Im alten Kirchenprotokolle Nro. I.

Pfarrer Daniel Femger 1680.

Ebenso fuhr auch der nach Göndisch´s baldigem Tode im Jahr 1686 ihm nachfolgende Pfarrer Daniel Femger, angeblich aus Reußmarkt gebürtig, im Jahre 1693 nach Mühlbach berufen, fort, für den Fortschritt des Kirchenwesens eifrig zu wirken. Schon im ersten Jahre seines Dienstantrittes wird eine Glocke von 14 bis 15 Zentner angefertigt, deren Guß allein 60 fl. kostete. In die große Stube wird ein „geglieserter Ofen" gemacht, der 13 fl. kostet, leider aber im Jahre 1690 von den Kurutzen des Tököly wieder eingeschlagen wurde. Auch der Kirchthurm mußte im 4ten Jahre seiner Amtsverwaltung oben ummauert werden. Ein Brand in der Studierstube im Jahre 1685 zerstört einen bedeutenden Theil des geistigen Kirchen- und Pfarrer-Gutes. Doch nicht nur für die äußere Herstellung des Kirchengutes ist Femger thätig, sondern auch für die innere Kräftigung des ihm anvertrauten Zion versteht er zu sorgen. Nicht nur müssen die Kirchenväter seit dem Jahre 1682 jährlich Rechnung ablegen, nicht nur hat er, wie der Hamlescher Pfarrer Georg Lutsch angibt,[64] eine von den Gemeinde-Aeltesten, vom Hochehrwürdigen Capitel und selbst vom Superintendenten Christian Haas bestättigte Anordnung getroffen, wornach die hintere Kirchenthüre vor dem Beginne der Predigt geschlossen werden muß, um der bisherigen Störung vorzubeugen, sondern es wird in Folge seiner Vorstellung an die Löbliche Nations-Universität auch jene Unordnung eingestellt, die durch den vor der Kirche stattfindenden Markttag eingerissen war. Die Entscheidung der Universität annuirt (stimmt bei) seinem billigen Begehren, daß weder vor, noch während des Gottesdienstes, sondern erst nach demselben Waaren ausgestellt und feilgeboten werden dürfen - am 29. Januar 1687.

Pfarrer Johann Fleischer 1693.

Nach Daniel Femger´s Promotion in die Mühlbächer, wurde Johann Fleischer aus der Brooßer Pfarre zu seinem Nachfolger berufen im Jahre 1693. Noch war der Zustand der Gemeinde und der Ecklesie mit

[64] Laut Vormerkung im Kirchenbuche Nro. I.

nichten zu einem blühenden geworden. Ein Bürger-Verzeichniß aus dem Jahre 1695 zählt erst 61 Wirthen und wenn man es auch - wie schon oben erwähnt wurde - bis zum Jahre 1698 auf 84 gebracht hatte, weil, wie das Register bezeugt, z.B. B. Michael Bartesch aus Dobring, Georg Schuster aus Meschendorf, Andres Binder aus Logdes, Michael Pelz von Katzendorf zugewandert waren; so fehlte es doch noch immer an allen Enden. Den silbernen Pokal oder Kelch verehrte der Kirche Johann Alvert erst 1698. Die silberne Oblattenbüchse fügte erst 1706 der Prediger Benedikt Bottosch hinzu. Das Geländer in der Kirche mußte im Jahre 1699 rund herum erneuert und gleichzeitig auch ein Positiv angeschafft werden. Zum Erstern trugen Männer, Knechte und Witwer nach Belieben bei und es kostete 37 fl. 90 denar. Zum Positiv wurden abermals 53 fl. 39 denar gesammelt, das Uebrige aber bis zu 210 fl. aus dem Kirchenbeutel bestritten.[65]

Das Erlöschen der sächsischen Gemeinden in Tschappertsch, Kleinpold und Logdes.

Also haben die hartgeprüften Väter in und nach den Stürmen der schwersten Zeiten vor Allem die Wohn- und Entwicklungsstätten der Bildung und Gottesfurcht zu schützen, an sie zuerst ihre bauende Hand anzulegen getrachtet und darin den festen Grundstein zu neuem Erblühen der Gemeinde gerettet, während, wie uns ein Gutachten des Unterwälder Capitels über seine sogenannten Sinekuren näher belehrt, die benachbarten Gemeinden Tschappertsch bereits 1643, Kleinpold um 1656, Logdes aber im Jahre 1687 ihre letzten sächsischen Bewohner verloren, und namentlich in dem Namensverwandten Kleinpold im Jahre 1672 unter dem angeblich gewissenlosen Pfarrer Molitoris auch das Kirchenkastell und 1694 die Kirche selbst in Schutt und Trümmer sanken.[66]

[65] Laut Kirchenbuch I. und Kirchenrechnungen der berührten Jahre.

[66] Im Großpolder Kirchenarchiv.

Gefangenschaft des Pfarrers und Plünderung des Kirchenvermögens. 1702 - 1706.

Noch waren indessen die letzten Sturmeswogen, die der Streit um die Fürstenkrone so oft und oft über das unglückliche Land losbrechen machte, mit der Wende des Jahrhunderts trotz seiner seit 1691 erfolgten förmlichen Uebergabe und Unterwerfung unter die nach der Vertreibung der Türken aus Ofen ganz Ungarn beherschende Dynastie Habsburg, nicht ganz vorüber. Wie uns eine Vormerkung des damaligen Predigers besagt, mußten die Kirchenrechnungen in den Jahren 1702 und 1703 vor ihm abgelegt werden, weil der Pfarrer gefangen saß. Die Ursache davon waren wahrscheinlich die kriegerischen Ereignisse. Zwei Jahre später konnte um ihretwillen gar keine Rechnung gelegt werden. Auch der Kirchenwein wurde eine Beute der Kriegsvölker, die unser Chronist unter dem Namen „Kurutzen und Räuber" beehrt hat. Noch zwei Jahre später wird auch das bare Geld der Kirche durch die „Ratzen" weggenommen und der in die Dobringer Sakristei geflüchtete Kirchenwein auf Befehl des Reußmärkter Richters geholt und den teutschen Völkern „zum Saufen" gegeben. Da mußte denn die schwerheimgesuchte Gemeinde von Neuem Schulden machen, um die Steuern und Abgaben bestreiten zu können. Dem Prediger Benedikt Bottosch schuldet sie schon 1703 408 fl. 7 denar und verspricht dafür 10 Prozent Zinsen zu zahlen. Dem Hermannstädter Höfner Johann Zeylert müssen für 200 fl., die man zur Steuer-Entrichtung an die Execution geborgt hatte, zwei Faß Wein zu 40 Eimer als Interessen gegeben werden. Der Ledrer Michael Andreä fordert für 50 fl. als Rückzahlung 200 Eimer Most, oder falls des Krieges wegen kein Most gefechst würde, 5 Kübel Frucht als Interessen; denn Armuth und Noth war von jeher das Verderben des Bedürftigen und Quelle des Wuchers für den Wohlhabenden.[67]

[67] Gemeide-Archiv *Fasc. III. Nr. 16.*

Wahl der Altschaft. Verkümmerung der Bildung am Anfange des 18ten Jahrhunderts.

Endlich scheint Ruhe und Ordnung mit dem Schluße des ersten Jahrzehent im 18ten Jahrhundert in die Gemeinde einzukehren. Was deren politische Verfassung anbelangt, bezeugen diesfällige Documente, daß die erledigten Altschaftsstellen stets mit Einwilligung des Ehrwürdigen Herrn Pfarrers, wie auch mit Willen der Löblichen Altschaft besetzt wurden in den Jahren 1710, 1717, 1721, 1726 u.s.w. Zur Herstellung der Kirche muß 1715 eine Sammlung gemacht werden. Auch wird derselben 1719 von Frau Katharina Kauntzin eine große, deutsche, im Jahr 1589 zu Wittemberg gedruckte Bibel verehret. Aber wie groß war um diese Zeit noch immer der Abstand zwischen Einst und Jetzt. Während vormals bis zur Mitte des 17ten Jahrhunderts oft die ganzen Quittungen und verschiedne kleinere Schriftstücke von den Gemeinde-Vorstehern und Geschwornen selbst eigenhändig geschrieben und meistens auch mit deren Privatsiegeln versehen sind, machen wir jetzt am Anfange des 18ten Jahrhunderts die traurige Erfahrung, daß die Geschwornen der Gemeinde weder selbst schreiben können, noch eigne Siegel besitzen, sondern anstatt dessen ihren Finger aufdrücken müssen (1709.)[68]

Walk- und Sägemühle in Roodt 1732.

Nur langsam und spärlich beginnen die Zeugnisse des sich erneuenden Gemeindelebens aus der versumpften Quelle wieder zu fließen. Das Erste derselben betrifft die dem Dorfe gehörige Gemeinde Roodt, wo einige Verhältnisse zu ordnen sind. Es erscheint nämlich der Roodter Inwohner Stan Bogdan vor des Ortes Amtsleuten und der ganzen ehrlichen Altschaft in gebührender Ordnung bittend und ersuchend: „es möchte ihm von der Gemeinde nach ihrem guten Recht die Freiheit ertheilt werden, an Stelle seiner bisher mit deren Erlaubniß besessner Walkmühle an dem vom Gebirge herabfallenden und das Dorf Roodt anfließenden

[68] Ebendaselbst.

Wasser auch eine Sägemühle zu und bei die Walkmühle zu bauen, um allerhand Bretter darin zu schneiden und bei gelegner Zeit auch Tücher zu walken.“ Nachdem man nun hierüber den Rath und Bewilligung des Fürsichtigen und Wohlweisen Herrn Georg Schuller, zu der Zeit wohlbestellten Königsrichters des Reußmärkter Stuhles, durch die Geschwornen eingeholt, so haben die Amtsleute und ganz ehrliche Altschaft demselben mit aller seiner Posterität (Nachkommenschaft), vermöge ihres innehabenden Rechtes und Freiheit, das Recht und die Freiheit ertheilt, am obbesagten Orte besagte Sägemühle zu bauen und nach Gelegenheit darin zu walken, doch mit dem Beding, daß er:

„1. das noch zum Bau nöthige Holz sich selbst anschaffen und zuführen soll, oder aber von der Gemeinde gegen eine Erkenntlichkeit ausbitten,
2. das zu den Brettern benöthigte Holz sich selbst schaffen und zuführen solle, woher und wie er es wüßte und könnte. Damit solle weder Roodt noch unser Dorf zu schaffen habe,
3. für die verliehene Freiheit und das Recht schuldig sei vor die Kirche zwanzig Stücke der besten und mittlern Bretter jährlich gegen Bartholomäi zu liefern, er möchte gleich des Jahres Bretter schneiden oder nicht. Auch solle er für die beihabende Walkmühle die alte Gebühr entrichten,
4. schuldig sein solle, den bei seinen Holz-Zufuhren zum Bretterschneiden durch das Vieh verursachten Schaden am Mähgras, oder Früchten gut zu machen.“

Das Alles wird beiderseits von den Partheien für sich und ihre Erben weitläufig bekräftigt und schlüßlich mit Namensunterschrift und Fingersiegel nebst dem Ortssiegel bestättiget am 28ten Juny 1732,[69] und daß dieser Vertrag auch zur praktischen Ausführung gelangt sei, beweisen die Kirchenrechnungen etlicher nachfolgenden Jahre, indem sie den richtigen Empfang der bedungenen zwanzig Stück Bretter anführen.

[69] Gemeinde-Archiv, Fasc. I. Nr. *phil. 28.*

Vertrag mit Roodt über die Weingärten am Berge Dumbrava 1733.

Noch viel wichtiger als dieser Vertrag ist jedoch der hier nachfolgende, vor den Richtern Stefan Daniel de Wargyal und Gabriel Alvinczi, Gubernial-Registrator, gefaßte und unterzeichnete Gemeinde-Abschluß, wornach die Geschwornen Johann Herkel, Georg Theil und Peter Modyesch von Großpold nebst denen von Roodt Namens Koman Preda, Koman Besu und Verßt Stan vor den Genannten erschienen sind und berichtet haben: „daß auf Bitten der Roodter in Gegenwart des sächsischen Nations-Grafen Simon v. Baußnern und des Hermanstädter Bürgermeisters Michael Czekelius v. Rosenfeld am 24ten August 1733 unter Herbeiziehung des Königsrichters von Reußmarkt Georg Schuller rücksichtlich eines auf Großpolder Hattert gelegenen, gewöhnlich Dumbrava genannten Berges Folgendes zwischen den Richtern und Aeltesten beider Gemeinden ausgemacht worden sei:

„1. Es haben die Bewohner von Großpold einen Theil des Dumbrava genannten Hügels 228 Klaster breit und von der Quelle an dessen Fuße grade aufwärts 120 Klaster lang den Roodter Inwohnern zur Nutznießung überlassen, damit sie daselbst Weingärten anpflanzen könnten.

   Dagegen haben aber die Roodter Inwohner sich aus freien Stücken verwilligt:

2. daß sie zum Gedächniß des Grundbesitzes der genannten Großpolder Gemeinde als der Eigenthümerin des Grundes eine Taxe von je 50 Denar von jedem vorfindigen Joch Weingarten ohne alle Ausrede, ohne Anstand und ohne Rücksicht des Mißwachs oder Hagelschlag alljährlich in baarem Gelde zu zahlen verpflichtet seien

3. Nachdem nun dieser Theil des Hügels zur Weinpflanzung bestimmt worden sei, soll vom genannten, den Roodtern früher bloß zur Weide belassenen Gebiete nun ein großer Theil der Weide wegfallen; weßhalb durch gegenwärtigen Vertrag vorgesehn werde, damit die mit der bisherigen, ihnen überlassenen Weide minder begnügten Roodter, jetzt und künftig diese Grenzen keinesfalls zu übertreten und die Großpolder auf ihrem Hattert zu belästigen, irgendwie vornähmen, widringenfalls sie jedesmal von

jedem Stück Vieh 12 Denar Strafe bezahlen sollen. Auch sollen die Roodter die ihnen von den Großpoldnern bisher zur Nutznießung belassenen Häuser, Scheunen, Gärten, oder andre Obstanlagen ohne derselben Wissen und Einwilligung nicht erweitern und vergrößern.

4. Es sei den Großpoldern von den Roodtern bisher viel Schaden in ihren Wäldern geschehen. Daher sollen dieselben kraft gegenwärtigen Vertrages - wie bisher auch in Zukunft - strengstens verboten sein und soll Keiner der genannten Einwohner es wagen, dieselben ohne vorhergegangene Bewilligung zu betreten, viel weniger aber Bäume zu Pfählen, oder Pfosten und Gebäuden in denselben zu fällen. Die Uebertreter sollen aber jedesmal mit 12 fl. bestraft werden und diese Strafe sollen die Großpolder nicht von diesem oder jenem Privaten erheben (da dieselben selten oder gar nicht auf der That ertappt zu werden pflegen), sondern die Roodter seinen in solchem Falle den Großpoldern solidarisch verpflichtet, mit Vorbehalt ihres Rechtes ihrerseits den Ersatz vom privaten Prävarikanten zu suchen. Dasselbe gelte auch von den Weinstöcken, wenn welche den Großpoldern aus ihren benachbarten Alten Berg genannten Weingärten ausgehauen und heimlich entwendet würden. -
5. Es solle den einzelnen in Roodt befindlichen, über die Zahl von Ein Hundert nicht zu vermehrenden Häusern auch je ein gleicher Weingarten im benannten Weinberge zugetheilt werden, welche sie künftig unter keinem Vorwande von den Häusern trennen, sondern nur an die gesetzlichen Erben der Häuser überlassen sollen.
6. Daß nicht nur der oft genannte Theil des Hügels, sondern auch der ganze Umfang des Roodter Gebietes, welches sie nur durch die Cession (Zulassung) und mit Willen der Großpolder gebrauchen und genießen, den Großpolder Insassen nach avitischen und grundherrlichen Rechte zugehört habe und gegenwärtig noch zugehöre. Daher seien auch die Roodter gleich andern Inquilinen dieses Fürstenthums verpflichtet, von den Früchten und den Fechsungen der Weingärten sowohl dem Fiskus Regius, als auch dem evangelischen sächsischen Pfarrer zu Großpold und dessen Nachfolgern den Zehnten pünktlich und pflichtschuldig zu geben und abzuführen."

Diesen Inhalt der vorausgeschickten Uebereinkunft und Abmachung, wie selbe zwischen den oft genannten Gemeinde-Bewohnern damals gemacht und durch uns in dem gegenwärtigen Instrumente in der vorausgeschickten Weise jetzt aufgenommen worden ist, haben wir Endesgefertigte, nachdem die genannten Partheien als Abgeordnete ihrer Orte zu diesem Zwecke in ihrem und aller übrigen Einwohner beider Orte Namen, nämlich Großpold und Rodt, nach ihrem bittlichen Ansuchen und dem zu Folge geschehener Vorlesung in unsrer Gegenwart mir gegebenem Handschlag, unter feierlicher königlicher Amtsauctorität mündlich also hinterbracht und bekannt hatten; ja alle Artikel, Clauseln und Punkte des vorangeschickten Vergleichs mit einem abermaligen Handschlag in unsrer Gegenwart gebilligt, bestättigt und angenommen hatten; zur größern Glaubwürdigkeit und festern Rechtskräftigkeit in diese Handschrift aufgenommen mit unsern üblichen Siegeln bekräftiget und mit unsrer Glaubwürdigkeit dafür einstehend zu künftigem Schutze herausgegeben zu Hermannstadt am 22ten Februar 1734.[70]

Rechtverhältniß der Gemeinden Roodt, Pojana und Kerpenisch 1754.

Auch das sonstige Rechtsverhältniß in Betreff dieser Gemeinde wurde durch neue Bestimmung und Vorschrift geordnet. Ein älteres Schriftstück[71] vom Jahre 1694 bezeugt, daß damals das Großpolder Ortsamt bei Rechtsstreitigkeiten der Roodter unter einander die erste Instanz bildete, da nämlich in jenem Jahre ein von ihm in der Streitsache des Dumitru Fule gegen Opre Ribul gefälltes Urtheil am 4ten Juni von dem damaligen Königsrichter Georg Klein und Stuhlsrichter Thomas Roth zu Reußmarkt als rechtskräftig bestättiget und mit dem Stuhlssiegel versehn worden ist.

Weil jedoch im Laufe der Zeiten mancherlei Unordnungen sich eingeschlichen hatten, wandte man sich im März 1754 dieserwegen an die k. k. Comission und es bezeugen in Folge davon die *„Expressen“* (Deputirten) der drei Ortschaften Großpold, Urwegen und Doborka, Namens Michael Theil Geschworner aus Großpold, Thomas Schell

---

[70] Im Gemeinde-Archiv, Fasc. I. Nr.29.

[71] Im Gemeinde-Archiv, Fasc. III. Nr.18.

Aeltester aus Urwegen und Georg Hamlescher Hann aus Doborka, daß „ihnen wegen der auf ihrem *territorio* (Grunde) gelegenen drei walachischen Dörfer Roodt, Pojana und Kepernish in Ansehung des Unfugs, welchen gedachte Walachen theils bei Theilung ihrer Hinterlassenschaften, theils bei Verkaufung ihrer angebauten Häuser, Wiesen, Gärten und Weinberge zum Präjudiz (Schaden) derer eigentlichen Possessoren (Besitzer) bisher unrechtmäßiger Weise verübet haben, zur Beschützung ihres auf gedachten Territorien obwaltenden Rechtes folgende gnädige Resolutionen (Beschlüße) seinen ertheilt worden, als:

„1. bei einem Todesfall, da ein gebautes Haus befindlich, soll nur das Gebäude taxirt werden und den Erbnehmenden zu gut kommen, der *fundus* (Grund) aber bleibt dem Dorf zu eigen.

2. Sollte sich ein gebauter Garten mit Obstbäumen daselbst befinden, so sind nur die Zäune, nicht aber der *fundus* zu schätzen, davon das Zweitheil dem Dorf und das dritte Theil dem Erbnehmenden zu Gut kommen soll.

3. Bei Wiesen soll den Erbnehmenden nur das Gras, nicht aber der *fundus* zu Gut kommen, von welchem aber die außer dem Stuhl Befindlichen ausgeschlossen sein sollen.

4. Bei Verkaufung der Weingärten soll

   a) der vorhabende Verkauf dem Amt des sächsischen Dorfes gemeldet und die Feilbietung vor demselbigem gehöriger maaßen verrichtet werden;
   b) bei der Taxirung und Bezahlung nur auf die Weinstöcke und Rahme, nicht auf den *fundum* gesehn werden, folglich:
   c) Keiner dem Andern etwas unter der Hand verkaufen;
   d) bei der Theilung der Verlassenschaften sollen jederzeit zwei vom Amt des sächsischen Dorfes oder Ortschaft und ein Deputirter von Reußmarkt zugegen sein.
   e) In Ansehung neuer, aufzubauender Häuser in obgedachten walachischen Dörfern soll ohne Vorbewußt und Consens (Beistimmung) der sächsischen Dorfsbeamten und ohne Besichtigung derselben kein

> Fußbreit weder von einer, noch von der andern Seite des Dorfes okkupiret werden.“ [72]

So stand es also vor etwa hundert Jahren noch um die gesetzliche Rechtslage jener Gebirgsortschaften. Niemand wird nun solche Rechtslage gegenüber dem Geiste der Freiheit und Gleichberechtigung, der sich in der Folgezeit geltend machte, heutzutage vertheidigen, viel weniger die alten Zustände zurückwünschend einen Anspruch darauf erheben; aber läßt es sich wohl läugnen, daß das Recht der diese Gemeinden gründenden und besitzenden moralischen Personen ein eben so Gutes war, als das des an der Grenze dieser Territorien Fuß fassenden einzelnen Edelmannes? Oder waren den die Dienste und Verdienste ihrer ursprünglichen Erwerber und Besitzer um Land und Krone nicht eben so gut, und groß, wie jene der einzelnen Männer und Familien? Gesetzt das im Jahre 1354 von König Ludwig den Großpoldern aus den Händen seines Okkupanten Johann Compa rückgestellte Gebiet, wovon eben auch das heutige Roodter Gebiet ein Theil sein kann, wäre das Eigenthum jenes Einzelnen geblieben, gesetzt das 1456 von den Brüdern Kerek gekaufte Gut samt Hof und Mühlantheil an der Schwarzbach wäre nicht in den Besitz der Gemeinde Großpold übergegangen, hätten alsdann die Proventen und der Grund selbst bei der Abtretung desselben an die darauf gesiedelten Dörfer dem rechtmäßigen Eigenthümer nicht in entsprechender Weise abgelöst – hätten dieselben nicht entschädigt werden müssen? – Wir meinen daß ein gerechtes Urtheil darüber bei unparteiischem und vorurtheilsfreiem Nachdenken nicht schwer sei! – Um so mehr sollten daher auch die betreffenden Gemeinden ihre ohnehin sehr günstige Lage erkennen und namentlich die vertragsmäßig festgesetzten Taxen und das ebenso klar beurkundete Eigenthumsrecht ihrer einstigen Herrn und Besitzer respektiren.

Die Infliction zum Türkenkriege 1738.

An politischen, auch unsre Gemeinde Großpold berührenden Ereignissen scheint es nach den Kurutzenkriegen im ersten Jahrzehnt des

[72] Gemeinde-Archiv, Fasc. I. Nro. 31.

18ten Jahrhunderts bis zum Jahre 1738 gefehlt zu haben. Um diese Zeit aber zog der sogenannte türkische Krieg eine große Infliction nach sich, welche laut einer in dem Archive liegenden Tabellen für ganz Siebenbürgen mit 50,000 Kübel Weizen bemessen war. Davon entfielen auf die sächsische Nation 18,278, auf den sächsischen Klerus 2278 und auf den Unterwald 346 ½ Kübel. Aus dem darin ferner ersichtlichen Umstande, daß Urwegen 18, Reußmarkt 17, Kleinpold 17 ½, Dobring 13, Großpold 14, Rätsch 9 Kübel besteuern mußten, geht klar hervor, welch ein trauriger der Zustand der Gemeinde um diese Zeit gewesen sein muß.[73] Und um ihn noch trauriger zu machen, kam in demselben Jahre die Pest hinzu und beraubte die Gemeinde um 56 Personen, während die Zahl der Leichen in einem Jahre gewöhnlich blos 10 betrug.[74]

Dritter Hattert-Prozeß mit Tetscheln 1747 - 1783.

Dazu kam bald noch ein drückender Alp, ein neues die Gemeinde schwer treffendes Unglück. Ein neuer Grenzprozeß von der Nachbargemeinde Tetscheln erhoben nahm im Jahre 1747 seinen Anfang, und brachte schon 1751 den niederschlagenden Erfolg mit sich, daß den Großpoldern ein ansehnliches Stück ihres Gebietes abgesprochen wurde. Anstatt nämlich den alten Urkunden gemäß von dem die drei Gemeinden Hamlesch, Großpold und Tetscheln scheidenden Grenzhaufen in mittägiger Richtung bis an den sogenannten Hundsberg vorwärts zu schreiten, bog die ausgesandte Grenzvermessungs-Commission schon von dem siebenten Hatterthaufen gegen Abend ab, richtete vier neue Grenzhaufen daselbst auf, und schritt dann wieder westlich weiter, bis die Tilischker und Galischer Inwohner dieselbe an der Grenze des Grundes repellirten, welcher ihnen nach ihrem Geständniß von den Großpoldern zur Nutznießung überlassen war. Dieser Grund - meinten sie - habe von jeher den Großpoldern angehört und sie seien eben von diesen als den rechtmäßigen Eigenthümern zur gewaltsamen Repulsion instigirt worden.

[73] Gemeinde-Archiv Fasc. III. Nr. 16
[74] Kirchenbuch Nro. I.

Verlust des Wiesengrundes gegen Tilischka 1776.

Als nun zu Folge davon auch diese neuen Repellenten von den Etsellöer Klägern vorgeladen wurden, erklärte die 1776 entsandte dritte Umgehungs-Commission, da die Etselöer nicht erschienen, sondern die Tilischker mit gewaltsamer Repulsion an der Führung ihres behaupteten Grenzduktus hinderten, daß sie den inzwischen von Großpold und Tilischka diesfalls erhobnen Streit nicht entscheiden könne, bis nicht vorerst der zwischen Tetscheln und Großpold schwebende Hauptprozeß entschieden sein würde. Unterdessen sollten die Tilischker durch ihre Repulsion im Jahre 1751 erworbne und durch zwei Jahre bessesne Gebiet behalten, die Großpolder dagegen, welche es ihnen nach zwei Jahren wieder entrissen hatten, wurden zum Ersatze des gerichtlich abgeschätzten Fruchtgenusses verurtheilt; wogegen ihnen nichts weiter übrig blieb, als die Appellation an das Gubernium.

Endlich ernannte das Gubernium im Jahre 1871 eine neue Commission bestehend aus drei Mitgliedern der drei ständischen Nationen (Ungarn, Sekler und Sachsen) zur Entscheidung des Hauptprozesses zwischen Tetscheln und Großpold. Da es sich nun im Jahre 1782 glücklicherweise ergab, daß in ihrer Gegenwart die Fundamente der Kapelle des St. Jodocus entdeckt und ausgegraben wurden, und dadurch den von den Großpoldern ihren aufgeführten Urkunden gemäß behauptete Grenzzug ganz augenfällig und handgreiflich dargethan ward; so entschied diese Commision den schon 35 Jahre dauernden Prozeß nach Aussage und Beweis der Großpolder ganz zu ihren Gunsten am 28. Juni 1782. Dennoch appeleirten die Tetschler auch hiegegen mittelst des sogenannten *„Novum Simplex“*.

Das Gubernium entsandte daher noch eine zweite sogenannte Trinational-Commission, welche den Prozeß nochmals von Neuem aufnahm, sich aber in ihrer Entscheidung vom 7. Juli 1783 genöthigt sah, das Urtheil der vorigen Commissions auch ihrerseits zu bestättigen und die alten Grenzhaufen nach den Behauptungen der Großpolder herstellen zu lassen. Nichtsdestoweniger transmittirten die Tetschler auch diese Entscheidung vor das Gubernium, bei welchem alsdann die beiden Commission-Entscheidungen bestättigt und die Tetschler auch zur Erstattung der Unkosten verurtheilt wurden, und nun erst kam es dazu, daß am 26sten September - also nach 36 Jahren die alten Grenzhaufen unter Comitats-Adsistenz nach dem Ductus der Großpolder endgültig aufgeworfen wurden.

Diesem Schlußurtheile mußte sich denn der hartnäckige Kläger endlich fügen, doch haben es die Tetschler Grundherrn nicht unterlassen auch das letzte Rechtsmittel ausbeutend, die Großpolder mittelst eines sogenannten *„Novum Gratiosum"* im Jahre 1817 nochmals vor das Landesgubernium zu laden - und nur seither datirt der endliche Waffenstillstand. Von sicherm Frieden läßt sich wohl kaum reden, so lange die Gesetze selber der Prozeßsucht so viele Thüren öffnen und so reizende Aussicht gewähren.

Wie theuer hat die Gemeinde übrigens den Sieg selbst bezahlen müssen? Der erste Gegner war nun allerdings gänzlich abgewiesen, allein der aus dem Freunde bei jener Repulsion, welche den Akten gemäß die Großpolder mit den Tilischkern gemeinschaftlich zahlen mußten, später selbst zum Feinde und Kläger gewordne zweite Gegner sitzt bis zum heutigen Tage in dem südlichsten Theile des von den Tetschlern angefochtnen Gebietes, in dem recht ansehnlichen Wiesenerbe bis an die Schwarzbach fest und unweit jenes steinernen Haufens, oberhalb dessen die Telscha in den Schwarzbach mündet, steht dermalen eine Kirche der Gemeinde Tilischka, durch welche Großpold aus seinem uralten, urkundmäßigen Besitze des genannten Gebietes und damit verbundnen Mühlrechtes am Schwarzbache verdrängt wurde.[75]

Es ist ein dicker Stoß Akten, nicht weniger als 36 Stücke und zwei große Foliobände, von denen der zweite allein 706 Seiten zählt, umfassend, worin dieser theure Handel theils in Originalschriften, theils in sogenannten Transmissionen oder Abschriften verzeichnet ist. Ein flinker Leser mit guten und wohlgeübten Augen mag wol im Stande sein, den ganzen Schriftenpack in acht Tagen vollständig durchzumachen, und ich zweifle nicht daran, daß man sich schon von diesem Einen Prozesse ein Bild machen könne davon, wie nach ungarischer Prozeßordnung Grenzprozesse geführt werden, wie lange sie zu dauern pflegen und wohin ihre Entscheidungen auslaufen. Als einstens die von König Ludwig im Jahre 1376 entsandte Commission auf demselben strittigen Grunde erschienen war und alle Nachbarn dahin versammelt hatte, um dem Rechte

---

[75] Gemeinde-Archiv Fasc. I. Nr. 34 und 35.

Recht zu verschaffen, da durfte sich´s gewiß Niemand beifallen lassen, den im Namen des Königs erschienenen Männern Gewalt entgegenzusetzen und es genügte somit Eine Commission dem Streite ein Ende zu machen. Im 19ten Jahrhundert dagegen sehn wir erst drei oder vier Commissionen vertrieben werden, bis endlich die letzte unter Comitatsadsistenz die alten, durch handgreifliche Beweise sichergestellten Grenzhaufen wieder zu errichten im Stande ist.

Doch der Zweck meiner Darstellung gestattet nicht ein näheres Eingehn auf den in seinen Hauptumrissen und Erfolgen bereits klargestellten Grenzprozeß, in dem sich eine Seite des damaligen Zeitbildes fur den Historiker schon deutlich genug abspiegelt. Wir scheiden somit von ihm mit dem kurzen Hinblicke auf jene Worte des Großpolder Advokaten, da er unter Hinweisung auf den Spruch Joachim Stegmanns ausruft: „Nicht immer wird Christus hängen zwischen den Mördern, sondern sie wird auferstehen die gekreuzigte Wahrheit und die gerechte Sache wird endlich triumphiren müssen!“[76] - indem wir dazu bemerken, daß sie theilweise allerdings auferstanden ist und triumphirt hat - ganz aber erst an jenem Tage auferstehn und triumphiren wird, wenn Großpold wieder in seinen ganzen Besitz bis an den Schwarzbach, da, wo von entgegengesetzter Seite die Telscha in erstern einmündet, gelangen und sich auch seines an dem Schwarzbach besessenen Mühlrechtes erfreuen wird. Ob aber dieser Tag ihm überhaupt jemals kommen sollte und wann er wird eintreffen, wer vermag das heute zu sagen!

Die Emigranten-Einwandrung 1730 - 1770.

Wenden wir uns von diesem schwarzen Schattenpunkte nunmehr zu einem hellen, zum hellsten Lichtpunkte des neuerblühenden Gemeinde-Lebens. Es ist dies die sogenannte „Emigranten-Einwandrung“, die unverkennbare Hauptquelle der neuerwachsenden Kraft und Blüthe an Zahl und Wohlstand der Bewohner. Kein unbefangner Beobachter unsers heutigen Gemeindebildes kann diese verkennen. Nicht nur die neuerstandenen Gassen und Gassentheile, sondern fast jedes zweite oder dritte Haus spricht dafür als handgreiflicher Zeuge. Möglich, daß blinde

[76] Gemeinde-Archiv Fasc. I. Nr. 35. S. 460.

Thorheit und kurzsichtiger Neid dem ersten Erscheinen der Ansiedler einst scheel entgegenblickte, die gegenwärtige, auf 130 Jahre gestützte Erfahrung von dem Werthe der Einwanderung für das Ganze macht jeden Gegner verstummen. Ja, Niemand würde wohl heute, da sich durch die anfängliche Fremdheit und Geschiedenheit der beiden Elemente des alten und neuern Einwohnerstammes bereits in vielen Stücken ausgeglichen hat und in nicht allzu weiter Ferne allmälig ganz ausgleichen wird, um den vermeintlichen Mehrbesitz an Boden für eine kleinere Anzahl der Urfamilien, die offenbaren Vortheile, die auch diesen durch die Neubelebung des Ortes erwachsen sind, hingeben!

Die österreichische Emigration, als deren letzte, verschwimmende Wellenschläge die geringen Einwanderungszüge nach Neppendorf, Großau und schließlich nach Großpold sich Siebenbürgen zukehrten, war überhaupt eine Erscheinung des vorigen Jahrhunderts, die einer größren Aufmerksamkeit würdig ist. Sie umfaßt nämlich die Summe von 4 bis 5000 Familien, oder über 23,000 Personen, die zwischen den Jahren 1730 -1770 um des evangelischen Glaubens willen Haus und Hof in den österreichischen Erblanden verließen, um sich zum größten Theile im östlichen Preußen eine neue Heimat zu gründen. Als sich nämlich der Protestantismus des 16ten Jahrhunderts in seiner mächtigen Geistesströmung trotz aller ihm vorgeschobnen Schranken und Riegel auch über diese Lande ergossen hatte; war es den Anhängern desselben im sogenannten Salzkammergut im Jahre 1571 gelungen, sich von Kaiser Maximilian dem Zweiten eine Schutzschrift zu erwirken. Allein die Kraft seines Schutzschildes starb mit demselben Regenten. Geschürt durch den nimmerruhenden Eifer der Jesuiten und ihrer breitwilligen Helfershelfer begannen nu zu bald wieder die alten Bedrückungen und Verfolgungen des protestantischen Glaubens. Der Ausbruch des dreißigjährigen Krieges im Jahre 1618 gab endlich den völligen Ausschlag. Schon sechs Jahre nach seinem Beginn gab Kaiser Ferdinand der Zweite als grausamer Vollstrecker der katholischen Unduldsamkeit den Befehl, daß alle protestantischen Lehrer und Prediger aus seinen Erblanden binnen acht Tagen zu entlassen seien. Zwei Jahre später wurden sie gänzlich vertrieben und katholische an deren Stellen eingesetzt, und so erzählt Neidinger in seiner 1653 zu Leipzig gehaltenen Predigt, es sei ein früher evangelisch gewesener, darauf aber katholisch gewordener Edelmann zu Neuhaus gleich einem Rasenden mit der Peitsche von Haus zu Hause gelaufen und habe seine Unterthanen auf diese Weise zum Schlosse getrieben, um sie katholisch zu machen.[77]

Josef Schaitberger und Mathias Kämel 1686.

Nicht genug damit ward im Jahre 1655 ein neuer Befehl herausgegeben, worin alle lutherischen Bücher auf das Strengste verboten und dagegen die katholischen Fasten und sonstige Gebräuche zu halten angeordnet wurde. Gleichwohl ließ sich die Macht der Ueberzeugung durch all diese Maaßregeln nicht gänzlich ausrotten, sondern lieferte vielmehr einen umso glänzendern Beweis dafür, daß auch die härteste Thyrannei schlüßlich an der Ausdauer einer männlich festen Gesinnung brechen muß. Ein hundert und dreißig Jahre glimmte der einmal in die Herzen geworfene Funke evangelischer Freiheit trotz aller Noth und Unterdrückungen im Stillen fort, um plötzlich von Neuem in hellen Flammen aufzuschlagen. Einzelne Anzeichen seiner Gluth traten zwar schon früher manchmal hier oder da zu Tage, aber deren Träger mußten sich der Gewalt beugen. Schon im Jahre 1683 kam es so weit, daß etliche Familien um der Gewissensfreiheit willen aus dem Salzburgischen auswanderten und sich in Augsburg, Ulm und Nürnberg niederließen. Der um jene Zeit berühmt gewordene Josef Schaitberger aus Dürnberg, geboren im Jahre 1658 wurde mit seinem Landsmann Mathias Kämel während der Jahre 1683 bis 1686 fünfzig Tage lang in einen finstern Kerker geworfen und deren Bekehrung durch zwei Kapuzinermönche zu erzwingen versucht. Als dies nichts fruchtete, mußten sie 14 Tage bei Wasser und Brod Bußarbeit thun, kamen dann abermals in ein Gefängniß und wurden schließlich, weil das Alles nichts nutzte, mit tausend Teffereggern des Landes verwiesen. Auch mußte Schaitberger nicht nur sein Gutchen im Werthe von etwa 1000 Gulden, sondern - was noch schmerzlicher war - auch seine beiden unmündigen Töchter zurücklassen. Dennoch beharrte der unerschüttliche Glaubensheld bei seiner Ueberzeugung, wanderte hablos nach Nürnberg aus und ernährte sich mit seiner Hände harter Arbeit; aber seine aus der Verbannung in die Heimat geschickten Sendebriefe wirkten umso mächtiger ein auf Bekannte und

[77] Vergl. die Jubilarschrift zum hundertjährigen Einwanderungsfest der Neppendörfer, gedruckt 1834.

Freunde. Die Treue zum Evangelium war dadurch, daß Schaitberger nach 47-jähriger Verbannung sein Grab in Nürnberg gefunden, gewiß nicht erschüttert, sondern vielmehr befestiget worden in seinen Anhängern.

Neben Schaitberger und Kämel hatten übrigens auch manche Andere schwer leiden müssen. Vielen wurden ihre Kinder, ihre Häuser und Güter entrissen, Viele schlüßlich des Landes verwiesen, wenn sie sich gleichwohl nicht bekehren wollten. Andre wurden gleich Missethätern an den Pranger gestellt und die bei ihnen gefundenen evangelischen Bücher ihnen an den Hals gehängt. Solchen Verfolgungen zu entgehn waren schon 1713 aus dem Berchtolsgadischen 44 Emigranten nach Nürnberg ausgewandert ein Vermögen von 13,000 Gulden in ihrer Heimat zurücklassend.[78]

Erstes Emigrationspatent 1731.

Endlich hatten diese sich fort und fort wiederholenden Schandthaten unchristlicher Unduldsamkeit die Aufmerksamkeit der evangelischen Stände des deutschen Reiches in höherm Maaße auf sich gezogen. Das sogenannte *„Corpus Evangelicorum“* (Rath der Evangelischen), welches in seinem Sitze zu Regensburg dem Schauplatze dieser unmenschlichen Bedrückungen am nächsten war, fand sich nämlich dadurch bereits im Jahre 1727 veranlaßt, ein Gesuch an Kaiser Karl den VI^{ten} einzureichen, worin sie für die evangelisch gesinnten Salzburger wenigstens das Recht der freien Auswanderung begehrten. Dem ersten, welches unbeantwortet blieb, folgte nach drei Jahren 1730 ein zweites Gesuch ähnlichen Inhaltes, als dessen Beantwortung endlich ein Hochfürstliches Emigrationspatent vom 31sten Oktober 1731 erschien, welches den evangelischen Ledigen, Tagelöhnern und Beisassen gebot, binnen acht Tagen das Land zu verlassen, den Ansäßigen dagegen drei Monate zur Veräußerung von Hab und Gut einräumte. Als jedoch die dadurch Betroffenen in der Meinung, daß man in so rauher Jahreszeit es mit der Ausführung des Gebotes nicht so genau nehmen würde, sich vorläufig nicht daran kehrten, erschien am 24ten November 1731 zwei

[78] Nachlese zu den Salzburgischen Emigranten-Wanderschaft von Joh. Heinr. Baum philos. *Cult. Nürnberg* bei Peter Conr. Monath 1734. S. 85 ff.

Compagnieen Soldaten, um die Säumigen mit Gewalt aus dem St. Johannisgerichte zum Lande hinaus zu treiben. Da sammelte sich denn sofort der erste Haufe von etwa 800 Personen, nahm seinen Zug nach Baiern und dessen generöser Churfürdt ließ den armen Auswandrern je 6 Kreuzer auf den Tag verabfolgen. Der Zug ging über Augsburg und erreichte erst am 29ten December desselben Jahres Kaufbaiern. In Augsburg selbst wurde zwar in den sechs evangelischen Kirchen eine Collecte von 6000 Gulden für die Emigranten gesammelt, aber der katholische Theil des Magistrates widersetzte sich dem Einzuge der beiden am 6ten und 26sten Januar die Stadt berührenden Haufen, indem er die Thore sperren ließ. - Dagegen erklärte der kaiserliche Resident von Garb die Sache seiner Majestät anzuzeigen und der katholische Bischof von Augsburg war nicht nur so duldsam, sondern so großmüthig und edel, die Auswandrer auf seinem bischöflichen Besitzungen mit Unterhalt und Fuhren zu versehn. In Kaufbaiern, Kempten und Augsburg blieben je Einige zurück, während sich die Uebringen gen Memmingen wandten und daselbst abermals eine Collecte von 1000 Gulden empfingen. Von Ulm wurde dem ersten Haufen ein Commissair entgegengeschickt, welcher an Große und Kleine auf den Tag je 2 Pfund Brod und 6 Kreuzer vertheilen ließ. In Nördlingen, welches der erste Haufen am 2ten Februar 1732 erreichte, wurden sie mit einer Collecte von 800 fl. unterstützt.[79]

Die Auswanderung nach Preußen 1732.

So gelangten die ersten 60 Emigranten erst am 5ten Mai 1732 bis Nürnberg. Nun aber folgten die einander ablösenden Haufen so dicht auf einander, daß vom 4ten April bis zum 18ten Juli schon 7428 Seelen die preußischen Länder erreichten. Ihnen folgten später noch 9000. Trotz dessen war die Aufnahme der Emigranten in der Regel eine sehr freundliche aller Orten. In Nürnberg z.B. sollen sich die Bürger um die Einquartierung eines Trupps von 812 Personen, am 1ten August desselben Jahres buchstäblich bekämpft haben. Auch der Bischof von Bamberg befahl in seinen Besitzungen ihnen freundlich zu begegnen. In Leipzig ließen zwei wohlhabende Witwen je 1000 Gulden, ein Arzt aber 800 Gulden unter sie

[79] Der Salzburgischen Emigranten-Wanderschaft in die königlich Preußischen Lande. Nürnberg. In Verlegung Peter Conrad Monaths. 1732. S. 14 – 27.

austheilen. Im Ganzen sollen 9000 Gulden zur Vertheilung gelangt sein. Sobald sie preußischen Boden betreten hatten, wurde ihr Marsch unter Anführung eines königlichen Commissärs fortgesetzt. Zu Wittenberg meinten die Wanderer eine göttliche Freistätte zu betreten. In Berlin bezeugten sich selbst die Juden mildthätig durch Sammlungen für die Vertriebenen; die Bürger aber stritten sich gleichwie zu Leipzig um deren Bequartirung. Als sie in Potsdam angekommen waren, trat der König selbst unter dieselben und tröstete sie wegen ihres langen Marsches. Die für sie veranstaltete Collecte betrug 3460 Reichsthaler und von den Juden 33 Thaler und 204 Ellen Tuch. Der Empfang der Emigranten war überhaupt fast aller Orten ein feierlicher und rührender. Geistlichkeit, Magistrat und Schuljugend erwartete sie häufig vor den Thoren und begleitete sie unter Gesang und Musik in die Orte. Allenthalben rühmte man aber auch die Beweise ihrer treuen Ausdauer und Frömmigkeit. Einer Frau z.B. hatte ihr streng katholischer Mann, da seine Bekehrungsversuche vergeblich waren, zum Andenken an die katholische Religion, zwei Finger abgehauen. Ebenso fest wie ihre Treue zum Evangelium, war aber auch das Band ihrer Vereinigung zum gleichen Loose. Alle Anträge und Aufforderungen an Einzelne zurückzubleiben, wurden schlechtweg abgewiesen. Da erließ denn der König eine Verordnung, die ihnen gestattete in den Dörfern beisammen zu bleiben, baute ihnen vier Kirchen und versah sie mit vier besondren Geistlichen.[80]

Im folgenden Jahr 1733 kamen neue Haufen über Frankfurt am Main, Gießen, Kassel und Halberstadt, wo sie eine besonders gute Aufnahme fanden. Ebenso liegen von andern Reichsstätten Hall, Darmstadt, Hanau und Magdeburg die rühmlichsten Berichte vor. Auch Plauen, obwohl erst vor Kurzem von einer verheerenden Feuersbrunst heimgesucht, war bereit sie zu unterstützen. Zwickau und Altenburg empfingen sie ebenfalls festlich mit leiblicher Speise und geistlichem Troste; denn nach dem himmlischen Liebesmale hungerten, wie es heißt, ihre Seelen nicht weniger, als ihre Leiber nach irdischer Speise. Für eine halbverbrannte Bibel gab einer der Auswanderer einem katholischen Bauern ohne Bedenken sein Gewehr hin.

In Köthen vereinigten sich die Reformirten mit den Lutheranern zur guten Bewirthung und sammelten unter sich 800 Thaler für dieselben. Leipzig gab abermals 3000 Gulden her. In Brandenburg wurden sie mit

[80] Ebendaselbst S. 31 ff.

Glockengeläute und Trompetenschall eingeholt, gut bewirthet und mit 600 Thalern beschenkt. Weimar verherrlichte ihren Einzug durch die Anwesenheit des herzoglichen Hauses. Der Herzog übernahm die Verpflegung des zehnten Theils und ließ Jedem ein Maaß Wein verabreichen. Bei ihrem Abzuge wurden sie überdies begleitet und beschenkt. Chremnitz im Erzgebirge beherbergte in drei Parthieen 1400 Exulanten, empfing sie vor den Thoren, beschenkte sie mit Wäsche und dergleichen und obendrein mit 1200 Gulden. Zwei vom Tode darselbst ereilte Emigranten wurden auf öffentliche Kosten prachtvoll beerdigt und deren Grab durch die Bürgerschaft mit einem Grabstein geschmückt. Zu Nordhausen wurden zwei Haufen, welche sich folgten, im Ganzen 2700 Personen beherbergt und weil der eine Haufe erst spät bei der Nacht und garstigem Regenwetter eintraf, stand die Stadt ohne Geheiß auf einmal beleuchtet da und schickten Viele selbst ihre Wägen ab, um sich die zugetheilten Gäste abzuholen. Dazu kam eine Sammlung von 550 Gulden. Ein katholischer Schneiderbursche durch ihren Anblick zum Uebertritte bewogen, ward sofort durch einen Bruderkuß von einem der Exulanten in ihre Mitte aufgenommen und aus seiner eben auch fast leeren Tasche mit einem halben Gulden beschenkt.[81]

So hatte sich denn die vom katholischen Fürstbischof zu Salzburg verfügte Landesausweisung anstatt zum Schaden der dadurch Betroffenen selbst und des Protestantismus im Gegentheil zu einem Triumphzuge der Auswanderer gestaltet, der durch die dabei geübten Liebeswerke und neu angeregten Empfindungen für die Gewissensfreiheit auch zur innern Festigung und Stärkung des Protestantismus noch beitragen mußte. Drohend wurde den aus der Heimat Scheidenden vorgestellt, man lasse sie auf dem Marsche in Hunger und Kummer dahinsiechen, so daß ihrer Viele an den Zäunen verschmachteten und mit Gras im Munde dahinstürben. Wo man noch gnädig mit ihnen verfahre, müßten sie mit den Schweinen fressen und ihr Lager bei diesen aufschlagen. Anstatt dessen fanden sie fast überall eine opferwillige Liebe bereit ihnen ihr Loos möglichst zu erleichtern und anstatt der vorgestellten Verlassenheit und Schande ehrenvolle Aufnahme verbunden mit aufrichtigster Achtung, so daß der weiterblickende König von Preußen in rechter Würdigung der ganzen Tragweite dieses Ereignisses sehr richtig sich darüber äußerte: „es sei dies

[81] Nachlese zu der Salzb. Emigr. Wanderschaft. S. 15 ff.

ganze Werk eine besondere Gnade Gottes, die derselbe dem brandenburgischen Hause habe widerfahren lassen.“[82]

Von Berlin aus wurden die Transporte des zweiten Jahres anstatt wie früher über Stettin zur See nunmehr zu Lande weiter befördert und zwar unter einer Bedeckung von 100 Reitern, um sie vor etwaigen Beleidigungen inn preußisch Polen zu schützen und auch von den Beschwerden und Gefahren der Seereise zu befreien. In Danzig wurden sie auf das Freundlichste in den für sie errichteten Zelten und Buden aufgenommen, Predigten für sie gehalten und Katechisationen mit ihnen veranstaltet. An Collecten kamen außer Büchern und andern Geschenken 13000 Gulden in Baarem zusammen. Zu Elbingen wurden sie mit 1000 Thalern und überdies von einem Geistlichen mit 100 Bibeln und 500 Gesangbüchern beschenkt. Zu Tunge brachten ihnen die Bauern 100 Stück Leinwand. Endlich an Ort und Stelle ihrer neu zu begründenden Heimat angelangt freuten sie sich über Alles, was sie daselbst fanden. Selbst die ungewöhnlich vielen Heuschrecken schienen ihrem Zuge zu weichen, und dankbaren Herzens verfaßten sie, da ihnen die königliche Gnade vielen Vorschub leistend eine eigne Stadt „Neusalzburg“ für sie gründete, ein eignes Dankgebet für denselben. Die später eintreffenden Haufen wurden dann zu Folge der königlichen Fürsorge in Königsberg und dessen Umgebung über Winter zurückgehalten bis mit dem kommenden Frühling Holz, Steine u.s.w. zu ihren Wohnungen konnten herbeigeschafft werden. So verstand es die Weisheit eines klugen und menschenfreundlichen Regenten seine besonders seit der Pest im Jahre 1709 stark entvölkerten lithauischen Landestheile von Neuem zu bevölkern und in eine blühende Gegend zu verwandeln, während die fleißigen Hände der braven Erulanten dem eignen Vaterlande verloren gingen.

[82] Ebendaselbst S. 31.

Hannover, Holland und Rußland wünschen Exulanten.

Wie hoch nämlich ihr Werth mit vollem Rechte anzuschlagen sei, läßt sich schon daraus schließen, daß ihr guter Ruf in Kurzem sich also verbreitete, daß, außer Hannover, welches deren etliche Tausend wünschte, auch Seeland 500 zu Bauern- und Moskau 300 zur Bergwerksarbeit begehrte. Ebenso stellten auch Schweden und Sachsen den Handwerkern, die sich ansiedeln wollten, die günstigsten Privilegien aus. Aber auch die besten Anerbietungen konnten sie nicht bewegen sich von einander zu trennen. Alle zogen es vor, in Preußen beisammen zu bleiben. Nur die Dürnberger Exulanten wurden auf Kosten der Generalstaaten nach Holland gebracht. Ihr Empfang war ebenfalls an den meisten Orten ein sehr freundlicher und ihre mit großem Lärm laut gemachte, angebliche Remigration (Rückwandrung) beschränkt sich auf eine geringe Anzahl, wiewohl sich nicht leugnen läßt, daß dieser Auswanderungstrupp mit vielen Widerwärtigkeiten zu kämpfen und auch am Klima der neuen Heimat einen bösen Feind angetroffen hatte.

Nun folgten im Frühjahr 1733 den vorausgegangenen Zügen einige kleinere Haufen und einzelne Familien als Nachzügler und fanden ebenfalls meist gute Aufnahme. Insonderheit machte der kärnthner Bauer Hans Gruber in Nürnberg einiges Aufsehn durch seine große Belesenheit in der Schrift und sein Rednertalent, so daß er auf Veranlassung einer vornehmen Frau seine Dankrede in knieender Stellung haltend porträtirt und die Rede durch den Druck veröffentlicht wurde.[83]

Die Lenkung des Auswandrungstromes nach Siebenbürgen.

Das ist in seinen Haupterscheinungen dargestellt der Umfang und Zug des salzburgischen Auswandrungsstromes, dessen letzte Wellenschläge

[83] Ebendaselbst S. 51 und S. 83.

geringen Inhaltes ihre Richtung nach Siebenbürgen hereinschlugen. Aber warum, fragst du, mußte sein Bild unsrer dessen Abschluß bildenden Großpolder Einwanderungsgeschichte vorangeschickt werden? Es liegt eben darin der Schlüssel zu ihrer Erklärung. Es liegt darin aber auch zugleich der traurige Beweis dafür, wie lange Zeit und welcher handgreiflicher Gründe es bedurfte, um den östreichischen Staatsmännern die Augen zu öffnen, ihren durch ein unduldsames, fanatisches Priesterregiment genährten Ketzer-Abscheu zu besiegen und den Abfluß so werthvoller Arbeits- und Steuerkraft in ein fremdes Land der Ostmarke des eignen Reiches zuzuwenden, wo die damalige Verödung des treuen Sachsenlandes, der bewährten Stütze des Thrones, jener vom preußischen Lithauen gewiß sehr ähnlich war. Drei Jahre lang mußte man erst zusehn, an 4 bis 5000 Familien verlieren, bis endlich eine sogenannte Reformations-Commission aufgestellt ward, welche am 29ten Mai 1734 vier und vierzig auswandrungslustige Hausväter zu sich beschied, um ihnen anzukündigen, sie sollten sich bis zum 6ten oder 7ten Juni fertig machen bei Linz zu Schiffe zu gehn und nach Siebenbürgen zu fahren, allwo sie den Rest empfangen würden. Dreizehn Männer traten darauf hervor, um offenmüthig zu erklären; wenn man sie bloß deßhalb nach Siebenbürgen führen wolle, damit sie dort den Rest empfingen, so könne man ihnen denselben auch sogleich geben, da sie bereit wären ihr Leben um des Evangeliums willen einzusetzen.[84]

Erste Ansiedlung in Neppendorf 1734.

Aber die gegebne Verheißung wurde nicht erfüllt. Eine neue Verzögrung wurde eingeleitet, bis ihnen auf ein neuesGesuch der Reichsstände vom 19ten Juni den 4ten Juli der 9te desselben Monats als Tag der Abfahrt angekündigt wurde. Diese Bestimmung wurde nun auch eingehalten. Bei Klosterneuburg wurden die Eingeschifften durch den Regierungskommissär von Zelto und durch den sächsischen Hof-Deputirten Johann Kinder von Friedenberg in Empfang genommen. Der Letztere erklärte ihnen hierauf, wie die sächsische Nation nach Siebenbürgen gekommen sei, und sich fast ausnahmslos zur

[84] In der Jubilarschrift der Neppendorfer Einwanderer v. J. 1834.

Augsburgischen Confession bekenne. Ihnen seien die gesündesten Orte in der Nähe von Hermannstadt gelegen - nämlich Neppendorf und Großau aselbst zugedacht worden. Er wolle sie bis Ofen begleiten und dann vorauseilen, um ihren Empfang in der neuen Heimat vorzubereiten. Der kaiserliche Commissär habe ihnen auch die Diurnen (Taggelder) etwas verbessert. Dafür dankten die armen Leute dem Kaiser mit aufgehobnen Händen und zogen alsdann fröhlichen Muthes vorwärts. Bei ihrer Abreise von Klosterneuburg fanden sich 47 Familien, die aus 82 Männern und Frauen, 4 Witwen, 80 Söhnen, 89 Töchtern und 2 Knechten, zusammen aus 263 Köpfen bestanden.

Am 20ten August 1734 trafen sie in Großau ein, wurden jedoch von hier - wie es das Hermannstädter Magistrats-Protokoll vom 21ten August beweist - zunächst bis nach Heltau befördert und dort einstweilen einquartirt. Der kaiserliche Commissär bezeugte als Begleiter ihrer sieben Wochen dauernden Reise auch nicht ein einzig böses Wort aus ihrem Munde vernommen zu haben. Die erste That nach ihrer Ankunft in Siebenbürgen sei ihre Danksagung gegen den Kaiser gewesen. Nach achttägiger Verpflegung mit Fleisch und Brod und Austheilung je eines Kübels Frucht an jede Familie wurden sie dem zum Baue ihrer Wohnungen in Neppendorf bestimmten Herrn Stadthauptmann Hamlescher zur Hilfeleistung verordnet. Wie wohl ihnen dabei gewesen, und wie zufrieden sie sich fühlten, möge uns der Brief selber sagen, welchen Paul Kaiser am 29ten August 1734 seinem Sohne Johann Kaiser mit folgendem Inhalte zuschickte: „Unsre Reise ist zu Wasser und zu Lande glücklich fortgegangen und wie wir in Siebenbürgen an denen evangelischen Orten angekommen sind, haben uns sowohl weltliche als geistliche Herrn mit Freuden empfangen und uns gnädig begabet mit Geld, Fleisch, Wein und Bier und anderm mehr und wie wir unsre Reise vollendet und in Heltau einquartirt sind, so haben sie uns nicht allein mit leiblicher Nothdurft reichlich begabet, sondern haben auch einer jeden Familie ein Johann Arndt´s Paradiesgärtlein und einer jeden Person Luthers Katechismum und andre schöne Bücher verehrt. Wir haben auch Gott sei ewig Lob und Dank gute, eifrige evangelische Regenten und Obrigkeiten, die uns sowohl in geist- als leiblichen Sachen Schutz tragen und einen Jedweden nach Stand und Vermögen zum weitren Fortkommen helfen. Wir haben auch Gott sei Lob und Dank gute evangelische Prediger, die uns das reine Wort Gottes klar vortragen.“

In ähnlicher Weise beginnt auch Mathias Fischer einen Brief an seine Brüder Hans und Josef den 9ten September desselben Jahres folgendermaßen: „Lieben Brüder ich schreibe Euch aus brüderlicher Liebe und mache Euch zu wissen, daß ich bis noch dato frisch und gesund bin und mein Stückel Brod hier in Siebenbürgen reichlich zu gewinnen habe, und wollte, Gott schickte es, daß es in meinem lieben Vaterlande auch also stünde, wie hier in Siebenbürgen!“[85]

Zweiter Transport nach Neppendorf und Großau 1735.

Dieser ersten in Neppendorf angesiedelten Schaar folgten am 9. Oktober und 29. November 1735 eine zweite und dritte aus Oberösterreich nach und wurden zum Theil ebenfalls in Neppendorf, zum Theil aber in Großau angesiedelt. Das darüber angefertigte Zeugniß weist nach, daß 10 Männer, 7 Frauen, 11 Söhne und 10 Töchter, also zusammen 38 Personen nach Neppendorf, 12 Männer, 11 Frauen, 17 Söhne und 21 Töchter, zusammen 61 Seelen nach Großau gekommen seien. Es wurden mithin in diesen zwei Jahren 4 - 500 Emigranten nach Siebenbürgen gelenkt, nachdem in den frühern drei Jahren bereits über 20,000 nach Preußen und Holland und sonsthin gegangen waren.[86]

Die Baden-Durlacher Einwandrer in Broos und Mühlbach 1749.

Aber noch war auch hiermit die Lust der katholischen Kirche an der Verbannung der Ketzer nicht abgekühlt, noch war ebensowenig der Glaubenseifer der in den Erblanden übrigen, zerstreuten Protestantenfamilien erloschen. Schon nach zwanzig Jahren erfolgte daher eine abermalige Ketzer-Ausweisung, die sich über Ober- und Niederösterreich, Salzburg, Kärnthen, Krain und Steiermark erstreckte.

[85] Ebendaselbst.
[86] Ebendaselbst.

Doch bei dieser letzten Auswandrung ließ sich die Regierung den früher begangenen Fehler nicht abermals zu Schulden kommen. Schon hatte sie im Jahre 1749 einer weisern Einsicht folgend, den Zug einer evangelischen Auswandrerschaar aus Durlach und seiner Umgebung in die volksarmen Stühle Broos und Mühlbach geleitet, und dadurch insonderheit im letztgenannten Orte eine neue Vorstadt mit drei Gassen begrünet.[87] Noch mehr als diesen ist sie aber den ihnen bald nachfolgenden erbländischen Emigranten mit ausgiebiger Fürsorge zur Hilfe gekommen, da man bereits klug genug geworden war, sich nicht mehr an die solcher Einwandrung „als einer bedrohlichen Kräftigung des akatholischen Elementes“ wehrenden Petitionen eines Freiherrn von Zorger zu kehren, der es als damaliger römisch-katholischer Landesbischof durch seine seit dem 5ten Februar 1729 einander folgenden Gegenvorstellungen wahrscheinlich wenigstens mitverschuldet hatte, daß jene ersten 20,000, anstatt nach Siebenbürgen zu kommen, nach Preußen gewandert waren. Die Engherzigkeit der bischöflichen Kirchenpolitik ward beseitigt, ein kaiserlicher Kommissär v. Seeberg den Emigranten nach Großpold vorrausgeschickt, um ihnen daselbst zu ihrer Ankunft für ihre daheim abgelösten Wohnungen anständige Bauernhäuser aufbauen zu lassen, wie sie zum Theil bis heutigen Tages in ihrer ursprünglichen Gestalt noch vorhanden sind. Auch in Hermannstadt wurden unter der Leitung des Freiherrn v. Dietrich und des Transmigranten-Inspectors Peter von Hannenheim im „Retranchement“ einige Häuserreihen für die Aufsichtsbeamten und 42 Familien errichtet, deren Kern aber später durch die schlaue Taktik und unermüdliche Rührigkeit des Jesuiten Johann Theophil Delpini in ein katholisches Waisenhaus verwandelt wurde.[88]

---

[87] Die Denkschrift zu der am 6ten Januar 1843 in Mühlbach begangenen hundertjährigen Einwanderungsfeier „Die Baden-Durlacher Deutschen in Mühlbach“ und auf diese fußend Prof. W. Schmidt in seiner „Stiftung des katholischen Theresianischen Waisenhauses bei Hermannstadt“ 1869 setzen die Einwanderungszeit dieser Schaar mit Unrecht in die Jahre 1743 -45. Dieselbe fällt, wie ich bereits früher aus der Mühlbächer Todtenmatrikel und aus der Weißischen Hauschronik bewiesen, in das Jahr 1749. *cf.* Programm des evang. Untergymnasiums in Mühlbach 1856/7 S. 22.

[88] Die Stiftung des katholischen Theresianischen Waisenhauses bei Hermannstadt. Von Wilh. Schmidt 1869. S. 21.

Die Emigranten-Ansiedlung in Großpold 1752.

Unter dem Schutze und mit Beihilfe der Regierung kamen nun, wie Professor Schmidt mit Berufung auf das Hermannstädter Magistrats-Protokoll darstellt:

im Mai	1752	von	Obersteiermark	nach	Mühlbach	15 Personen
" August	"	"	"	"	Großpold	168 "
" Oktober	"	"	Oesterreich	"	Kleinpold	60 "
" August	1753	"	Steiermark und Kärnthen	"	Petersdorf	168 "
" September	"	"	"	"	Deutschpian	75 "
" April	1754	"	"	"	Broos	200 "
" September	"	"	"	"	Romos	600 "
					das ist	2218 Personen
denen von 1756 bis 1762 noch						1441 "

gefolgt sind.[89] Die Großpolder Ansiedler gehörten demnach zu den ersten dieser neuen Auswandrungshaufen. Eine besondre Aufzeichnung der zugewanderten Familien findet sich in dem hiesigen Kirchenarchive leider nicht. Ebenso wenig gibt es hier eine Auskunft über Zahl und Kosten der für die Transmigranten erbauten Häuser. Eine dem alten Thurmknopfe entnommene aus dem Jahre 1805 herrührende Schrift des damaligen Geschwornen Georg Roth besagt aber, daß zu der Zeit 114 sächsische und 73 deutsche Häuser vorhanden waren, wovon jedoch manche auch zwei Wirthen beherbergt hätten.[90]

Ziehn wir indessen die sicherlich unzweifelhafteste Quelle über die Zeit und wenigstens wahrscheinliche Größe der Einwandrung und Ansiedlung in die Gemeinde Großpold, nämlich ihr damaliges Todten-, Tauf- und Trauungsbuch zu Rathe, so finden wir obige Nachricht des Hermannstädter Magistrats-Protokolles allerdings bestättigt, in wiefern die daselbst angeführte Zahl und die Ansetzung der Großpolder unter die Vordersten des Transmigrantenhaufens mit den in dem Kirchenbuch vorfindigen Daten sich in Einklang bringen läßt. In Betreff des Zeitpunktes der Ansiedlung muß jedoch angenommen werden, daß dieselbe bloß zu Ende des Jahres 1752 Statt gefunden habe, da sich bis zum 5ten Januar 1753

[89] Ebendaselbst S. 4.

[90] Kirchenprotokoll „*Multifaria*" S. 12.

kein Todesfall, bis zum 31sten März 1753 keine Taufe, und bis zum 25sten Mai 1755 keine Trauung eines Transmigranten aufgezeichnet findet. Der ersten Leiche folgten aber in demselben Jahre noch 9, im folgenden Jahre 1754 schon 16, und im Jahre 1755 sogar 26 Transmigranten-Leichen.[91] Aus derselben Quelle geht gleichzeitig hervor, daß die Ansiedler aus ganz verschiednen Ländern und Gegenden durcheinander gewürfelt waren. Auch mögen Manche ihren ersten Ansiedlungsort wieder verlassen haben.

Hausbuch des Mathias Baldinger 1754.

Andre kamen erst später nach. So bezeugt z.B. das mir vorliegende Hausbuch des Mathias Baldinger, nach Vorrausschickung des Versen:

„Ich bin ein armer Exulant
Also muß ich mich schreiben.
Man thut mich aus dem Vaterland
Um Gottes Wort vertreiben.
Da ich weiß wohl Herr Jesu mein
Es ist dir auch also gangen.
Jetzt will ich dein Nachfolger sein;
Mach´ Herr nach deinem Verlangen!"

„Im Jahre 1754 am 14ten Tag Augusto sein wir nach Millembach kommen zu einem Durlacher in´s Quartier. Den 23sten Tag ist die liebe Mutter gestorben und der liebe Vater ist gestorben den 26sten Tag desselben Monats. Da wir mit dem königlichen Profeten David aus dem 47sten Psalmen sprechen: Denn mein Vater und Mutter verlassen mich, aber der Herr nimmt mich auf!" - Ebenso citirt unser Chronist bei dem im Jahre 1757 notirten Tode der verwandten Katharina Käsbergerin folgende Zeilen eines Liedes, das also lautet:

„Nichts Betrübters ist auf Erden,
Nichts kann so zu Herzen gehn,
Als wenn arme Witwen werden,
Wenn verlassen Waisen stehn
Ohne Vater, ohne Mutter,
Ohne Freund und ohne Gut.

---

[91] Kirchenbuch Nr. I.

Witwen sind verlassne Frauen,
Wer thut auf die Waisen schauen!"

Und - um auch noch eine Probe seiner Belesenheit und seines frommen Herzens hier beizufügen - stehe schlüßlich auch der zu seinem Hochzeitstage gemachte und also lautende Auszug aus einem „gewissen Liede":

„Den Ehstand hie auf Erden
Man billig ehren soll.
All die da eh´lich werden
Thun Gott gefallen wohl.
Denn uns vermeld´t die Schrift,
Daß er ihn hat gestifft
Sein´ Kirch´ und Gemein zu mehren,
Die seine Ehre betrifft."

Hausbuch des Jakob Laßner 1754.

In Uebereinstimmung mit dem Vorrausgeschickten erzählt auch das Jakob Laßnerische Hausbuch also:

„1754 sein wir aus Kärnthen nacher Siebenbürgen transmigrirt worden und eben das Jahr ist mein Vater in Schellenberg gestorben seines Alters 34 Jahre." Seine weitern Vormerkungen „Im Jahre 1774 habe ich das Haus *sub. Nro.* 65 gekauft um fl. 200. - Im Jahre 1783 bin ich als der Erste von den Transmigranten durch den Königsrichter Michael Roth und Stuhlsrichter Georg Klein in die Altschaft eingesetzt, im Jahre 1784 von Georg Roth auf Befehl der Stuhlsofficianten zum Geschwornen berufen und 1785 am 9ten Oktober bei dem Herrn Pfarrer Johann Friederici als der Erste von den Deutschen zum Ortsrichter gemacht und endlich am 17ten Mai 1787 von Herrn Pfarrer Johann Lang zum Kirchenvater bestellt worden" bezeugen die vor sich gehende Innerentwicklung und allmälige Verschmelzung der neuen Ansiedler mit den frühern Eingebornen zu einem Körper.

ls Wittrungs-Vorfall erwähnt dasselbe Hausbuch im Anfang Mai und später vom 10ten bis 13ten Mai 1814 einen großen Schneefall doch ohne Frost.

Spätere Nachzügler 1774 bis 1777.

Noch glaube ich zum Schluße, um die Transmigranten-Angelegenheit vollständigst zu beleuchten, nicht unerwähnt lassen zu dürfen ein Schreiben der „Transmigranten-Commission" gefertigt durch Georg Bánfy und Johann Edeln von Schatzberg, welches im Jahre 1774 an den Großpolder Pfarrer Johann Andreas Friederici in deutscher Sprache gerichtet ward, und den untrüglichen Beweis liefert, daß die Nachfolge vereinzelter Nachzügler bis zu dieser Zeit noch immer fortdauerte. Die Commission erklärt nämlich in ihrem Schreiben, daß Se. Majestät die volle Gewissensfreiheit gewährt habe, jedoch verlange, es sollen die Fälle jedesmal einberichtet werden, wenn Einzelne heimlich herbeikämen, um sich zur evangelischen Lehre zu bekennen, wie dies ein gewisser Georg Sonnleitner gethan habe, der aus Kärnthen hieher entwichen sei. In einem andern ebenfalls deutsch verfaßten Schreiben vom Jahre 1777 eröffnet die noch immer bestehende Transmigranten-Commission, der die Geburts- und Sterberegister der Ansiedler alljährlich eingeschickt werden mußten, unter Josef Baron Miske und Johann Martin Roibel an denselben Pfarrer, daß die Steirischen Schuldenreste erst binnen Jahresfrist könnten bezahlt werden, weil man die Schuldner sonst contributionsunfähig machen würde, und trägt ihm zugleich auf, diese Eröffnung in der Kirche bekannt zu geben.[92]

Endlich glaube ich namentlich dem Wunsche der betreffenden Familien damit entgegenzukommen, indem ich der Todtenmatrikel aus den Jahren 1753 bis 1760 ein Verzeichnis der Familiennamen und ihrer Heimat entnehme, worin Viele ihre Vorfahren und Verwandten erkennen und über deren Heimatsort Aufschluß erhalten werden. Weil aber dies Verzeichnis den Lauf unsrer Erzählung an dieser Stelle zu lange unterbrechen würde, so wird dasselbe im Anhang ausgespart mit dem

[92] Aus dem Nachlasse des Pfarrers Friederici

kurzen bemerken, daß sich darin nahe an 100 verschiedne Familien-Namen vorfinden.[93] Fügen wir aber hiezu auch die aus einigen im Jahre 1780 und 1783 vom Pfarrer an die Transmigranten-Commission eingesandten Tabellen noch dazu kommenden, so übersteigen dieselben die Zahl 100 und ergibt sich mancher Aufschluß über deren ursprüngliche Heimatorte. Auch diesen wird daher ihre Stelle im Anhange noch zugewiesen.[94]

Das alte Großpold vor der Emigranten-Einwandrung.

Betrachten wir nun die Umwandlung der Dinge in Folge der eben beschriebnen Ansiedlung. Das Dorf Großpold hat vor derselben wenig über 100 Wirthen. Seine Grenze erstreckt sich nordwestlich nur bis unterhalb des Pfarrhauses, wo wir gegenwärtig das neue Gemeindehaus vor Augen haben. Hinter dem Pfarrersgarten befindet sich noch keine Gasse und auch die Mittelgasse erreicht ihr damaliges Ende bereits da, wo jetzt die Neugasse darein mündet. Gegen Morgen und Mittag hin bleibt dessen Ausdehnung ebenfalls weit zurück hinter den heutigen Grenzen des Dorfes. Um die Wohnhäuser und die daran stoßenden Hausgärten erstreckt sich rund um die Gemeinde gleich einem Gürtel ein wüster Weideplatz, dessen Bestimmung es zu sein scheint, einerseits den Unrath und die Ueberreste zu Grunde gegangner Hausthiere zu beherbergen, andrerseits einen Schutzwall für die daranstoßenden Felder gegen das ausreißende Vieh zu bilden. Auch die Aecker selber gewähren alljährlich blos auf der einen Seite den erfreulichen Anblick des Segens, den fleißige Menschenhand der Erde abzugewinnen vermag, denn die andre Hälfte des ganzen Gemeindefeldes liegt brach und wird vom Viehe beweidet. Es fehlt an den Händen und sonstigen Mitteln die Menge des Grundes auszunützen. Von einer Ausdehnung der Spekulationslust in die benachbarten Gebirge, wie wir sie im vorigen Jahrhundert kennen lernten, ist keine Spur mehr vorhanden. Ueberall, wo der Boden seiner Natur nach mit Dorn, Stein und Moor dem Menschenfleiß hindernd entgegentritt, behalten die

[93] Kirchenbuch Nr. I. Anhang IV.

[94] Aus dem Nachlasse des Pfarrers Friederici. Anhang Nr. V.

Hindernisse die Oberhand und es durchziehn bald Dornhecken, bald Steinadern, bald sumpfige Moorgründe die üppigen Saatfelder ihren Anblick gleichwie schmutzige Flecken den Anblick eines reinen Kleides entstellend.

Und wie erscheint uns das Bild der Gemeinde inmitten des eben geschilderten Natur-Rahmens?

Auf ihrer südwestlichen Anhöhe steht ein Thurm von etwa 16 Klafter Höhe in romanischem Baustyl aufgebaut und oben versehn mit einer vorspringenden Galerie von Holz, an welche sich das niedrige Thurmdach anschließt. An diesen Thurm stößt das östlich liegende kleine Kirchlein mit seinen zwei Eingangshallen und einem nothdürftigen Schindeldach. Um Thurm und Kirche zieht eine feste Ringmauer, an deren Südostseite ein mächtiger Bastei- und Vorrathsthurm emporsteigt, während gegenüber dem Kirchthurme noch ein kleines Thorthürmchen steht. Es sind dies die alten Bollwerke der Gemeindevertheidigung in vergangnen Zeiten und noch immer machen sie den größten und besten Eindruck auf den Beschauer des Ganzen. Denn Alles, was von denselben eingeschlossen wird, trägt den traurigen Stempel der Noth und Armuth an sich. Es ist Alles in einem kläglichen Zustande, dem Verfalle sehr nahe. An der Westseite lehnt sich das Schulgebäude mit seinen zwei engen Zimmerchen an die Ringmauer. Etwas weiterhin erhebt sich im Nordwesten das Pfarrhaus, dessen älteste Bestandtheile allerdings von fester Anlage zeigen und durch einen unterirdischen Gang bis unter die jetzige neue Schule befestigt gewesen sein sollen, aber auch dieses Gebäude ist mit einem Schindeldach bedeckt, von dessen Spitze ein messingnes Fähnlein mit dem sächsischen Nationalwappen und der Jahreszahl 1722 traurig herabsieht und ungleiche, kleine Fenster lassen das Tageslicht in die innern Räume.

An das Pfarrhaus schloß sich wieder innerhalb der Ringmauer liegend, die Organistenwohnung, dann das Cantorsquartier und schließlich im Osten der Kirche die sogenannte „Thurmport“. Der vom Pfarrhof über die Gasse befindliche Predigerhof lag noch ganz wüste. Die Schule hatte noch nicht Glasfenster, woraus sich wohl mit Recht schließen läßt, daß gleich den beschriebnen auch alle übrigen Häuser in der Gemeinde nur Schindel- und Strohdächer haben und sich höchstens die besten Wirthe einiger Glasfenster erfreuen mochten. Zu den Häusern paßten endlich natürlicher Weise auch deren weite, meistentheils wüst aussehende Höfe mit ihren geflochtenen Zäunen, Thoren und Thüren.

Das ist beiläufig ein gewiß wahrheitsgetreues Bild von dem Aussehn der Gemeinde und ihrer nächsten Umgebung vor der neuen Ansiedlung, ein Bild, welches namentlich jenem blöden Unverstande scharf vorzuhalten ist, der noch immer an der irrigen Meinung festhält, das Glück einer Gemeinde beruhe auf der überreichen Bodenmenge für deren einzelne Bewohner, und Volks- und Wohlfahrtsmenge stehe daher zu einander in unausbleiblichem Gegensatze. Vorhalten muß man ihm, wie z. B. eben hier in dem gegenwärtig etwa viermal so stark wie damals bevölkerten Orte selbst der ärmste Hausbesitzer schon besser wohnt und im Ganzen auch bequemer und angenehmer lebt, als damals die ersten Wirthe wohnten und lebten. Und zeigen muß man ihm an solch handgreiflichem Beispiel, daß die Frucht irdischen Wohlstandes nicht aus der bodenreichen Einsamkeit, sondern vielmehr grade aus der die Natur bezwingenden Menge der Menschen hervortreibt, wenn nämlich Fleiß, Ordnung und Rechtssinn in der Mitte derselben gepflegt wird.

Die Umwandlung des alten in das neue Großpold.

Doch die neue Wandlung der Dinge selber, wie sie uns aus den Rechnungen und sonstigen urkundlichen Nachrichten des verflossnen Jahrhunderts seit der Einwandrung der Transmigranten entgegentritt, soll uns davon überzeugen. Einige Zeugnisse der sich regenden Gemeindethätigkeit treten uns zwar schon vor derselben entgegen. Die Kirchenweingärten, eine Hauptquelle des Kirchenbeutels werden im Jahre 1733 durch 40 Fuhren Dünger verbessert. Die beiden Hallen der Kirche sammt dem ganzen Chore und der Mittagsseite derselben wurden theils neu gedeckt, theils überstiegen und das Thurmdach in demselben Jahre 1740 ausgebessert. Im Jahre 1750 wird die Erbauung eines neuen Altares beschlossen, wozu 81 fl. 36 kr. durch freiwillige Beiträge zusammengebracht, das Uebrige bis zu 170 fl. aus dem Kirchenbeutel genommen wird. Zwei Jahre später wird eine neue Scheune auf der Parochie erbaut, deren Kosten sich außer der Dorfsarbeit auf 131 fl. 87 kr.

belaufen, und schon im folgenden Jahre auch Kirche und Thurm abermals überstiegen.[95]

Aber mit verdoppelter, neuer Kraft und Wirksamkeit ersteht der schöpferische Geist in dem Schooße der durch die Ansiedlung vermehrten Gemeinde. Das im Jahre 1731 mit Schindeln gedeckte Pfarrhaus erhält 1755 einen neuen „liegenden Dachstuhl und wird mit Schiebziegeln eingedeckt". Die davon Erwähnung machende Rechnung meldet zugleich nicht nur, daß, sondern auch wie und warum es dazu gekommen war. In Ansehung der vielen Beschwerlichkeiten, welche der opferwillige Pfarrer Johann Bruckner mit den Emigranten gehabt, habe sich der k. k. Emigranten-Commissär Herr von Seeberg veranlaßt gefunden, das Gehölz sammt Brettern, sowie auch Maurer und Zimmerleute zu dieser Herstellung zu verabfolgen. Der erwähnte Umbau war somit ein Verdienst des Pfarrers und eine Frucht der Einwandrung. Durch sie hatte die Gemeinde schon ein ganz verändertes Aussehn bekommen. An der Nordwestgrenze des Pfarrhauses war die neue Emigrantenschule errichtet worden. An sie schlossen sich die Emigrantenhäuser der Neugasse und hinter dieser war noch eine zweite, die schnurgrade hinlaufende Hintergasse gebaut worden. Die unter der Leitung des erwähnten Emigranten-Commissärs gebauten Wohnhäuser wurden alle nach einem Muster aufgeführt und zeigen, namentlich in der letztgenannten Gasse bis heutigen Tages die beliebte Bauart. Sie bestehn nämlich aus je einem geräumigen Zimmer gegen die Gasse mit zwei Fenstern, einem Vorhause als Sommerküche und einer rückwärtigen Kammer, gegenwärtig aber ebenfalls in ein Zimmer verwandelt. Dazu zieht an jedem Häuschen der Länge nach ein den Eingang schützender von Holzsäulen getragner Gang, aus welchem später hin und wieder kleine Zimmerchen gemacht worden sind.

[95] Kirchenrechnungsbuch Fasc. II. *a*.

Pfarrer Johann Bruckner 1750.

Doch nicht nur diese den Ort sofort erweiternden und wesentlich verschönernden Neubauten, sondern auch noch viele andere Fortschritte und Verschönerungen kamen im Gefolge der Einwandrung. Der bereits erwähnte Pfarrer Bruckner, im Jahre 1750 aus dem Gymnasialrektorate zu Hermannstadt hierher berufen, ließ nach dem erfolgten Umbau des Dachstuhles am Pfarrhause in die große Stube ein neues Fenster sammt Rahmen und Beschläg auf seine Kosten anfertigen. Der Maurerpolier Tobias Lammer versah die Schulen mit gläsernen Fenstern und verehrte zwei Jahre später 1757 auch eine schöne Sanduhr auf die Kanzel, welche vier Viertel hatte und vom hiesigen Schlossermeister mit entsprechendem Gestell gratis versehn wurde. In demselben Jahre beschloß man die Predigerwohnung ordentlich herzustellen, damit der Prediger daselbst wohnen, seine Oekonomie bestellen und das „Diebsnest der darin aufgenommenen Wallachen mitten aus dem Dorfe weggeschafft werden möge“. Die Kosten dazu trug mit Ausnahme der Zufuhren und Handarbeiten das Allodium. Im folgenden Jahre erhielt die Schule einen neuen Dachstuhl; auch wurde das Schankhaus auf der Parochie hergerichtet, weil das auf dem Kirchhof befindliche unbrauchbar geworden sei. Die Kosten der Herstellung trug abermals das Allodium, weil die Kirchenkasse kaum zur Deckung der Salarien zureichte. Das Jahr 1759 gab ebenfalls neue Arbeit. Die Maierstube auf dem Pfarrmaierhof war nämlich eingegangen und mußte wegen des darunter befindlichen, schönen, gewölbten Kellers wieder hergestellt werden. Die Gemeinde lieferte das nöthige Baumaterial, und der Pfarrer bestritt das Uebrige.[96]

---

[96] Kirchenrechnungsbuch Fasc. II. 7. *a.*

Pfarrer Johann Andreas Friederici 1765.

Die erste Schöpfung des folgenden Jahrzehnts war die mittlere, oder zweite Glocke, welche im Jahr 1761 vom Glockengießer Franz Rauch 325 Pfund schwer für 152 fl. 72 Den. gegossen wurde. Im darauf folgenden Jahre ließ Pfarrerin Bruckner für sich und die Predigerin ein Gestühl in der Kirche anfertigen. Zwei Jahre später wird die auf dem Pfarrhof befindliche gezäunte Mairerstube gemauert. Am 14ten Oktober desselben Jahres 1764 wurden zehn Scheunen und 2 Wohnhäuser neben dem Pfarrhof durch einen Brand eingeäschert. Im darauffolgenden Frühjahre starb der verdienstvolle Pfarrer Bruckner und wurde der erste Prediger in Hermannstadt Johann Andreas Friederici zu seinem Nachfolger erwählt.[97] Die Herstellung der Kirchenmühle im Jahre 1767 ist das erste unter seiner Amtsführung verzeichnete Gemeindewerk. Bald darauf wurden im Jahre 1770 die Gewölber über die Keller in der Parochie ausgebaut und 1771 eine große Kirchenreparatur vollzogen. Zum Ende des Jahrzehnts erhält die Kirche endlich im Jahre 1780 auch ein Ziegeldach. 1782 werden die Weingärten durch die Nachbarschaften gedüngt und 1785 die Orgel reparirt. Gleichwohl erkennt die Gemeinde die Unzulänglichkeit des bestehenden Gotteshauses immer mehr und mehr. Man sieht ein, daß die wachsende Zunahme der Bevölkerung eine Erweiterung desselben erfordert. Es werden daher die Vorbereitungen zu einem gänzlichen Um- und Neubau getroffen. Man schafft Materialvorräthe an, welche den Winter über eingedeckt werden, um im nächsten Jahr zur Verwendung zu kommen. Reichliche Spenden für den Kirchenbau sind bereits dargereicht worden, denn die Herzen der Frommen sehnen sich zu beten in einem neuen geräumigen Tempel. Aber umsonst! Der Mensch denkt und Gott lenkt! In dem mittlerweile ausgebrochenen Kriege hatten viele Einwohner ihr Vieh durch die bis in die Wallachei ihnen abgenöthigte Vorspannsleistung im Jahre 1792 eingebüßt. Dazu hatte im nächstfolgenden Jahre 1793 eine große Feuersbrunst vom Officiershofe abwärts Alles in Asche gelegt. Da mußte denn die Vornahme des Kirchenbaus aufgegeben werden, die fertigen Ziegeln mußten wieder verkauft und eine bessere Zeit abgewartet werden. Der Bau der Kirche

[97] Kirchenbuch Nr. I.

vertagte sich dadurch auf 40 Jahre, dagegen wurde aber im nächsten Jahr 1794 auch die Predigerwohnung mit Ziegeln eingedeckt.[98]

So hatte also ein ganzes Jahrhundert daran arbeiten müssen, um dasjenige zu ersetzen, was im vorigen war zu Grunde gegangen und anstatt des entvölkerten, verödeten, wieder ein blühendes volksreiches Gemeindebild vor unserm Auge aufzurollen. Mauerfeste, ziegelgedeckte Häuser und ein fleißig bearbeitetes Feld, wovon man nicht mehr ganze Strecken, so wie früher an die Nachbargemeinden zu verpachten hat,[99] um sie dereinst vielleicht gänzlich an sie abtreten zu müssen, das sind die ersten, in die Augen springenden Zeugnisse der sich vollziehenden neunen Wandlung und dazu hat eben die Ansiedlung der Transmigranten offenbar sehr Vieles beigetragen - ja, sie war dazu unentbehrlich!

Streit mit Dobring 1771.

Noch haben wir indessen vor dem gänzlichen Abschiede von dem vorigen Jahrhunderte sowohl eines Grenzstreites, als auch eine die Gemeinde betreffenden Candidationsprozesses hier zu gedenken. Der Erstere, durch eine unrechtmäßige Okkupation eines diesseitigen Gebietsstückes von Seite der Dobringer hervorgerufen, wurde schnell und leicht geschlichtet. Es handelte sich nämlich um ein zwischen den unbestrittenen Endpunkten der beiderseitigen Hattertgrenze von den Dobringern diesseits der graden Linie zwischen jenen Punkten in Besitz genommenen Stückes. Da nun die Dobringer ihr Recht, die grade Linie zu überschreiten, durchaus nicht erweisen konnten, so wurden sie mit ihrem Verlangen als einem unbegründeten abgewiesen und überdies verurtheilt den Großpoldern auch ⅓ der Prozeßkosten zu ersetzen, im Jahre 1771.[100]

---

[98] Kirchenrechnungsbuch Fasc. II. 7. *b*.

[99] Mehrere diesbezügliche Contracte bezeugen, daß bis zum Jahre 1740 ein Stückchen Hattert öfters an die Kleinpoldner verpachtet wurde. Gemeinde-Archiv Fasc. I. Nr. 30.

[100] Gemeinde-Archiv Fasc. I. 27, 32 und 83.

Candidationsprozeß vom Jahre 1764.

In Bezug auf das Candidationsrecht brachte das vorige Jahrhundert gleich seinem Vorgänger im Unterwalde noch so manches Bespiel der Willkühr und Eigenmächtigkeit mit sich. Durch einen solchen Akt sollte nun grade Großpold nach fast 100 Jahren abermals betroffen werden. Als nämlich das Capitel nach dem Tode Johann Bruckners im Jahre 1764 seinem Rechtsgebrauche gemäß auch den Hermannstädter Rektor Daniel Filtsch unter die Candidaten der erledigten Großpolder Pfarre aufgenommen hatte, verlangten die „Obercuratoren und der Inspector des Hermannstädter Gymnasii“ dem entgegen in einem Schreiben an den Dechanten: man solle Herrn Filtsch weglassen. – Auf diese Mittheilung des Dechanten trat jedoch das Capitel sofort zusammen und gab darauf in seinem Convente zu Reußmarkt am 8ten Februar 1765 folgende Erklärung ab:

„1. daß allhier von einem Candidationsrechte des sogenannten Consistorii nichts bekannt sei;

2. daß man sich umso mehr wundre, wenn die Herren Curatoren meinten, es geschähe zu ihrem Präjudiz, wenn man ohne ihren Rath candidire;

3. daß die Unterschrift des Hermannstädter Gymnasial-Inspektors zu verrathen scheine, es seien jene Versuche des Hermannstädter Capitels noch nicht eingeschlafen, da es im heimlichen arbeite, sich das unsrige zu unterordnen.“

Der Candidationsbrief wurde demnach ungeändert zurückgeschickt und dem sogenannten Consistorio also geantwortet: Man habe bereits so viele Proben der Hochachtung gegen die hohen Gönner in Hermannstadt abgelegt, da man auf ihre Rekomandationen mittelmäßige Subjekte aufgenommen und mit vieler Geduld theils getragen, theils noch trage, so daß dieses Capitel bald mittelmäßig geworden. Das Beste des Hermannstädter Gymnasii liege ihnen gewiß auch am Herzen, doch werde Niemand in Abrede stellen, daß sie ihren Ekklesien und diesem Capitel noch mehr verpflichtet seien.

Allein die sogenannten Herrn „Dynasten“ sandten in Folge hievon den Notär Michael Seiverth an das Capitel und dieser bewirkte durch seine Fürsprache, daß in Berücksichtigung solcher Herablassung von Seiten der Herrn Synasten und weil des Capitels Freiheit hierdurch hinlänglich gewahrt zu sein schien, dem Petite derselben beigetreten und Daniel Filtsch ausgelassen wurde. Die hierauf erfolgte Wahl traf nun den ersten Prediger vonherm,annstadt Johann Andreas Friederici, warscheinlich den selben, dessen Streichung der Herr Comes im Jahre 1759 aus dem Romoßer Wahlbriefe darum verlangt hatte, weil er dahin einen Andern zu befördern wünschte und überdies dem Herrrn Gouverneur die Hand darauf gegeben hatte, daß der von ihm recommendirte Candidat zum Pfarrer erwählt (?) werden würde.[101]

Zeugnisse des gedrückten Geistes im 18ten Jahrhundert.

So stand es also zeitweise um das freie Candidations- und Wahlrecht unsrer verarmten und verödeten Gemeinden und wahrlich, man muß es wohl als ein unschätzbares Glück preisen, daß sich doch immer noch Männer fanden, welche solchen Ausschreitungen der Willkühr und Gewalt mit männlicher Entschiedenheit entgegentraten und der Gemeinden Recht und Freiheit zu schützen bereit waren, ob sie auch - wie in dem gegenwärtigen Falle - sich bewegen ließen, den gehörig vorgebrachten Wünschen und Rücksichtgen Gehör zu geben. Das übrigens der Geist der Zeit im vorigen Jahrhundert im Allgemeinen ein gedrückter, den Eingriffen der Mächtigen in die Rechte des Volkes im Ganzen günstiger gewesen, verbürgen so manche Anzeichen. Die etlichen Predigten aus den Jahren 1718 - 1723, die im hiesigen Kirchenarchiv aufbewahrt sind, zeigen von sehr großer Bibelbelesenheit ihrer Verfasser, aber sie ermangeln des Odems einer freien und frischen Geistesentwicklung. Die Verordnung der Bußtage vom Superintendenten Johann Schunn am 11ten Dezember 1747, sowie der ganze breite Inhalt des gedankenarmen Schreibens liefert ein ähnliches Zeugniß. Und was soll amn endlich denken und sagen zu der zwischen den Jahren 1774 - 1785 in Schwung gekommenen Mode, wornach

[101] Denkschrift des Mühlb. Cons. v. J. 1862 S. 13 u. 15.

sich die evangelisch-sächsischen Pastoren ihre lateinisch und deutsch verfaßten Amtsschreiben unter französischer Adresse zuschicken? Freilich fehlt es selbst in unserm kleinen Kirchenarchive nicht an Beweisen, daß ihnen die höhern Regierungs-Aemter und selbst das Stuhlsofficiolat darin mit ihrem Beispiele theils voran, theils zur Seite gingen.[102]

Pfarrer Johann Lang 1777 - 1808.

Nicht sollen jedoch dadurch ihre sonstigen Verdienste verkleinert werden. Was z.B. Pfarrer Bruckner und dessen Gattin für das Allgemeine gethan haben, ist schon früher erwähnt worden. Auch auf andre Gemeindeglieder mögen sie heilsam gewirkt haben. So hören wir von Petrus Modjesch, daß er im Jahre 1750 einen Dukaten zur Anschaffung von Testamenten für die Schule verehrte, wozu der Pfarrer noch soviel beigefügt habe, das man acht Stück anschaffen konnte. Ebenso widmete im Jahre 1772 Georg Bachmaier der Kirche 100 fl. zur Herstellung des Fußbodens und der Frauenbänke.[103] Noch bewahrt ein Monument, welches die Wand gegen die Sakristei in der südlichen Seitenhalle der Kirche schmückt, das Andenken des auf Bruckner folgenden Pfarrers Johann Adreas Friederici und bis zum heutigen Tage sind einige seiner Erben Großpold anhängliche Wiesen- und Weingärten-Besitzer geblieben. Sein Nachfolger Johann Lang, der jüngste Sohn des Mühlbächer Königsrichters Johann Lang wurde aus der Pfarre Rätsch im Jahre 1777 hierher berufen. Seine Amtsdauer bis 1808 umfaßt daher einerseits die gewaltige Umwälzungsperiode unter Kaiser Josef dem II^ten^ und andrerseits die Regulationszeit der sächsischen Nation.

[102] Aus dem Nachlaß des Pfarrers Friederici und sonstigen Akten des Kirchen-Archivs.
[103] Kirchenbuch Nr. I.

Eingriffe des Obergespans Andreas von Rosenfeld in das Candidationsrecht 1784 und 1785.

Zu welchen eigenmächtigen Eingriffen in das kirchliche Rechtsleben sich der damalige Obergespan des Hermannstädter Comitates Johann Andreas v. Rosenfeld um diese Zeit für berechtigt hielt, davon zeugen seine in dem hiesigen Pfarrarchive befindlichen Zuschriften an das Dekanat und Capitel in Betreff der Sinekure Reichau und der Pfarrerswahl in Romoß. Denn als schreibt der Herr Obergespan am 17ten Juni 1785: „Obwohlen die Romoßer Gemeinde sehr stark gefehlet, daß selbe ohne sich vorhero bei mir als dem Oberhaupt derer in dem Löbl. Hermannstädter Comitat bestehenden Consistorien in der Ordnung und nach ihrer Schuldigkeit zu melden, zu der Wahl eines Pfarrers geschritten ist und also der ganze *actus electionis* (Wahlakt) zu annulliren wäre; so wird dennoch in Rücksicht dessen, daß obige Gemeinde von dem Száßvároser Stadt-Consitorio vermuthlich mehr aus Kurzsichtigkeit, als aus einem übeln Vorsatz irre geführt worden, diese Wahl von mir um so mehr bestättiget, da die Mehrheit der Stimmen auf einen würdigen, gelehrten und rechtschaffenen Mann, den ich eben auch der Romoßer Gemeinde zu ihrem Seelesorger zu empfehlen im Vorsatz hatte (? gefallen ist.)“ - Und ebenso hatte er sich bereits am 20ten November des vorausgegangenen Jahres für berufen gehalten, die von ihm angeordnete Ernennung und Installation des Reichauer Pfarrers mit Zuziehung des Mühlbächer Stadtpfarrers und der ältern Mühlbächer Rathsgeschwornen ohne die Capitular-Officianten dem Dechanten „aus dem Grunde bekannt zu geben, womit das Capitel den neuernannten Rehoer Pfarrer nicht nur als solchen ansehn, sondern auch mit der gewöhnlichen brüderlichen Liebe in seine Mittelung auf- und anzunehmen nicht ermangeln möge.“[104] Sochen Thatsachen gegenüber waren die auch das Kirchenregiment durch eine neue Consistorial-Ordnung regelnden Regulativpunkte schlüßlich eine wahre Wohltat. -

[104] Aus dem Nachlasse des Pfarrers Friederici an das Großpolder Kirchenarchiv abgetreten.

Regulation und sonstige Zustände im Jahre 1805.

Was diese Regulation in politischer Beziehung, insonderheit rücksichtlich der Dorfsverwaltung bewirkte, beschreibt wie bereits erwähnet, vom hiesigen Geschwornen Georg Roth dem Thurmknopfe 1805 eingelegte Schrift folgendermaßen: „In diesem Jahre wurde die neue Einrichtung eingeführt, daß kein Oberbeamter mehr war im Stuhl, sondern wieder nach alter Art ein Königs- und Stuhlsrichter. In den Dörfern aber wurde die Altschaft abgesetzt und wurden fünf geschworne Männer erwählt. Diese sammt dem Richter machen Alles, was vorkommt, aus. Alsdann wurden achtzehn Männer gewählt, welche sammt einem Wortmann das Dorf ausmachen." Dazu fügt Roth dann noch folgende Zeitdarstellung: „In diesem Zeitpunkt der Welt saß Siebenbürgen ruhig, nur war Alles sehr theuer. Ein Viertel Frucht kostete in diesem Lande Rfl. 2, an andren Oertern noch mehr. Der Kukurutz kostete Rfl. 1.28 kr., der Wein, Ein Eimer, neuer Rfl. 2, ein Pfund Fleisch 5 bis 6 Kreuzer. Geld hatten wir eine Zeit lang 12 Kreuzer-Stückel von Kupfer und übersilbert. Diese wurden nach einer Zeit zu Siebenern geschlagen und dauerten eine gute Zeit. Wir hatten sehr viele Banknoten von 1 Gulden, von 2, von 5, von 10, von 25, von 50, von 100 und von 1000 Rfl. Dann hatten hatten wir auch 6 Kreuzer-Stückel von Kupfer. Dukaten, Thaler, Zwanziger sahen wir keine, weil vor einigen Jahren Krieg mit Frankreich war und diese Münzen nach England gingen an gemachter Schuld unter dem Krieg."[105]

[105] Kirchenprotokoll *„Multifaria"* S. 12

Die Pfarrer Andreas Thorwächter 1808 - 1815 und Martin Friedrich Leonard 1815 - 1836.

Nach Pfarrer Johann Lang folgte von 1808 - 1815 Andreas Thorwächter in einer zum größten Theil der Kriegsverarmung, dem Mißwachs und Hunger anheimfallenen Zeit, welche hauptsächlich durch den damaligen Staats-Bankerott oder die sogenannten Geld-Devalation ihre traurige Berühmtheit erlangt hat, an innern Schöpfungen und Werken des Gemeindelebens aber um so ärmer bleiben mußte. - Bleibende Verdienste hat sich dagegen sein Nachfolger Martin Friedrich Leonard erworben um die Parochie und Gemeinde. Von Klausenburg hieher berufen und am 21ten April 1815 präsentirt,[106] fand Leonard die Pfarrerswohnung in einem solchen Zustande, welcher hinter den Forderungen der Zeit weit zurückgeblieben war. Schon im folgenden Jahre traf er daher die ersten Vorkehrungen zum Umbau dadurch, daß er sich verwilligte, der Gemeinde das Baukapital gegen Rückersatz aus der Allodialkasse zinenfrei vorzustrecken, was eben keine Kleinigkeit war, da sich dasselbe, wie die Baurechnung später auswies, auf 5962 Gulden 58 Kreuzer Conv.-Münze belaufen hat. Gleichwohl stieß der opferwillige Mann alsbald auf einige Gegner, die ihm das vorzunehmende Werk vielfach verbitterten. Es befand sich nämlich eben um diese Zeit eine Silberbarschaft von 461 fl. 50 kr. C.-M. in der Kirchenlade, welche zur Anschaffung einer Orgel gesammelt und bestimmt worden waren. Von dem niedrigen Verdachte irregeleitet, es könne und werde nun auch dieses Geld anstatt zum Orgel- ebenfalls zum Pfarrhausbau verwendet werden, griffen einige Mißtrauische zu einer groben Kriegslist, machten das Positiv der alten Orgel unbrauchbar und schickten alsdann eine Gemeindedeputation zum Pfarrer, um die Anschaffung einer neuen Orgel als nunmehr unerläßlich zu betreiben. Der Pfarrer erklärte derselben, das ganze vorräthige Silbergeld recht gerne dazu verabfolgen zu wollen, falls die Gemeinde das noch Fehlende beitragen würde. Hierauf ging die Gemeinde ein und es wurde sofort eine neue Orgel für 1400 Gulden bestellt und aufgebaut.[107]

---

[106] Kirchenbuch, Nro.I.

[107] Kirchenpolizeiprotokoll Fasc. II. Nro. 4.

Pfarrhausbau 1818.

Dessenungeachtet ließ Leonard sich von seinem Vorsatze nicht zurückschrecken, sondern brachte auch den Pfarrhausbau bis zum Jahre 1818 zu Stande und so verdanken denn seine Nachfolger seinem mit Edelmuth gepaarten Reichthum die Bequemlichkeit und Freundlichkeit der 12 Fuß hohen mit Klafter großen Fenstern versehenen, schönsten Zimmer, die Gemeinde aber hat in ihm den Mann zu schätzen, der ihr dadurch die Ehre, bezüglich der Anständigkeit der Pfarrerswohnung seither unter die Ersten des Capitels zu gehören, erwirkt hat.

Jahr- und Wochenmarktprivilegium 1820.

Ueberdies hat Leonard der ihn kränkenden Gemeinde auch noch dadurch in recht priesterlicher Weise mit Wohlthun vergolten, daß er während derselben Zeit seinen Einfluß und manche Mühe daran wandte, derselben zu dem ihr im Jahre 1820 ausgestellten Jahr- und Wochenmarkts- Privilegium zu verhelfen. Als Beweis der Dankbarkeit für seine Mühe wurde ihm darauf die freie Benützung des Burgkellers unter dem Bastei- und Vorrathsthurm bewilligt und der erwähnte Keller auf Gemeindekosten im Jahre 1820 hergerichtet.[108]

[108] Hofzahl 4349/1820 publicirt in der Stuhls-Officiolatssitzung am 15ten Mai 1820.

Der Kirchenbau 1836.

Aber nicht nur der Bau des Pfarrhauses, sondern auch noch Größeres sollte unter Pfarrer Leonard am Abende seines Lebens von der eifrigen Gemeinde vollbracht werden. Die neue Eindeckung des Thurmes mit an Draht befestigten Ziegeln im Jahre 1822 und der Umguß der Mittelglocke im Jahre 1824 sind nur unbedeutende Aufgaben und Zielpunkte des Strebens neben dem noch immer seiner Ausführung harrenden Kirchenbau. Auch dieser sollte nun in dem dritten Jahrzehnt des Jahrhunderts zur Ausführung gelangen. Am 30ten August 1836 wurde Leonard die Leichenrede als erste Rede auf der von ihm gewidmeten Kanzel des neuen Gotteshauses gehalten. Zur Einweihung desselben kam es jedoch erst nach Ausfertigung der ganzen innern Einrichtung am 29ten Juni 1838.

Pfarrer Johann Georg Buchinger von 1836 - 1848 und Johann Haas 1848 - 1860. Der Schulbau 1853 -1859.

Die tiefergreifende, im Gedächniß der Gemeinde heute noch fortlebende Weiherede hat Leonards Nachfolger, der geistvolle Redner Johann Georg Buchinger gehalten, der neben dem neuen Gotteshause auch den geistigen Innerbau der Gemeinde, die Zucht und Ordnung mit seinem mächtigen Worte und fester Rectorhand herstellte. Die geistige Saat, die er streute hat gewiß Wurzeln geschlagen für mehrere Jahrzehnte. Darauf konnten daher auch seine Nachfolger um so erfolgreicher fortbaun. Und also geschah es auch wirklich. Als ein unvergängliches Denkmal, als ein unübertrefflicher Gemeindeschmuck steht die evangelische Schule da, deren Grundstein von Buchingers Nachfolger Johann Haas am 5ten Oktober 1853 gelegt worden ist. Ihre Vollendung und Einweihung erfolgte nach 6 Jahren am 28ten September 1859. In demselben Jahre wurde auch die gemauerte, ziegelgedeckte Scheune auf dem Pfarrhofe unter demselben Pfarrer aufgebaut.[109]

---

[109] Kirchenprotokoll „*Multifaria*" S. 331 und 333.

Pfarrer Johann Michael Möckel 1860 - 1866.

Nach zwölfjährigem Wirken von 1848 bis 1860 folgte Johann Haas dem Rufe zur Mühlbächer Stadtpfarre und erhielt in Johann Michael Möckel einen würdigen Nachfolger als hochbegabten Redner, Musiker und eifrigen Förderer des Gemeindewohles nach jeglicher Richtung. Unter ihm wurden sofort die noch immer fehlenden Backhäuser 1860 und 1861 auf dem Schul und Predigerhof gebaut. Dann wurde der Friedhof mit einer Mauer gegen die Landstraße und einem entsprechenden Eingange versehen und auf dem Küpchen eine Eichlwaldung und daran anstoßend eine Akazienanlage zu einem künftigen Unterhaltungsplatze angelegt. Auch das neue Gemeindehaus an der Stelle der frühern Mädchensschule kam 1865 zur Ausführung. Doch ein frühzeitiger Tod im besten Mannesalter von 48 Jahren entriß der Gemeinde schon am 10ten Mai 1866 den geliebten Seelsorger, dessen Grab ein von der Gemeinde ihm zum Andenken gesetzter Leichenstein ehret. So mußte denn der schon beschlossene Thurmbau, dessen Grundstein am 5ten November 1867 gelegt, dessen Knopf am 19ten September 1869 aufgesetzt wurde, seinem dermaligen Nachfolger, dem Verfasser dieser Dorfgeschichte zur Ausführung überlassen bleiben.[110]

Einige Unfälle und sonstige Begebenheiten des 19ten Jahrhunderts.

Aber nicht nur die im Vorausgehenden kurz erwähnten Zeugnisse des lebendigen Aufschwunges, sondern auch einige Unfälle des laufenden Jahrhunderts sollen hier ihre Erwähnung finden. Am 16ten Mai 1824 ward durch einen fast blödsinnigen, boßhaften Tölpel an seiner eignen Scheune Feuer eingelegt, wodurch 69 Häuser, 61 Scheunen und 73 Schöpfen ein Raub der Flammen wurden. Auch eine Wallachin und drei Husarenpferde gingen darin zu Grunde. Am 21ten Mai soll er sein Bubenstück eingestanden und am 22ten Mai sich im Kerker selbst erwürgt haben. Den 7ten Juli

[110] In dem Kirchenprotokoll „*Multifaria*" S. 1 ff. und 338.

desselben Unglücksjahres brach eine Feuerbrunst aus, welche 2 Wohnhäuser in Asche legte und 37 der wohlhabensten Einwohner in den beiden deutschen Gassen aller Wirtschaftsgebäude beraubte. Der Urheber des Brandes blieb unbekannt, daß aber die Predigerswitwe Götzel bei der Rettung ihrer Habe erstickte, ist leider eine bekannte Thatsache. Indemselben Jahre fand auch eine Kirchen-Visitation statt, bei der sich 265 ev. Familien mit 876 Seelen fanden, und die Einführung des neuen Schulplanes und des neuen Gesangbuchs beschlossen wurde. Dem Organisten bewillgte man einen Gehaltszusatz von 30 fl. bis ihm statt des verkauften Organisten Weingartens der von der alten Theilin testirte übergeben werden könnte.[111]

Ein ehrendes Zeugniß für beide Nachbargemeinden ist der im Jahre 1826 zwischen Großpold und Hamlesch zu Stande gekommene Hattert-Vergleich, wobei alle Grenzhaufen zur Verhütung künftigen Streites erneuert wurden.[112]

Noch muß zum Schluße berichtet werden, daß die Noth der Brandfakel die Gemeinde auch in neuerer Zeit wiederholt heimgesucht hat. Einer der größern Brände im Jahre 1856 beraubte insonderheit die deutsche Neugasse ihrer Scheunen. Das hierauf erlassene strenge Gebot des Bezirksamtes, daß hinfort alle Scheunen mauer- und feuerfest gebaut und mit Ziegeln gedeckt werden müßten, erschrack die Betroffenen, als ob dies ein zweiter Schlag für sie wäre. Aber wie heilsam war dies Gebot für die Gemeinde! Wie wohlthuend ist nun der Anblick und wie beruhigend die Thatsache, daß sich seither bereits zwei Drittheile der Scheunen in solche feuer- und mauerfeste Gebäude verwandelt haben!

---

[111] Kirchen-Polizei-Protokoll Fasc. II. Nr. 4.

[112] Gemeinde-Archiv Fasc. I. Nr. 38

Das gegenwärtige Bild der Gemeinde.

So sehn wir nun gegenwärtig an der Stelle, wo vor 200 Jahren Noth und Elend, Entvölkerung und Verödung ihren Höhepunkt fast bis zur gänzlichen Auflösung des Ortes erreicht hatten wieder eine wohlhabende und reichbevölkerte[113] Gemeinde vor uns, bepflanzt mit stattlichen Wohnhäusern; feuerfesten Scheunen und gemauerten Thoreinfahrten, geschmückt durch ein neues Gemeindehaus, eine neue Schule, neue Kirche und Thurm, versehn mit obstreichen Gärten, mit einer ringsum fleißig angebauten Feldmarke[114] ohne wüste Plätze und müßige Brachfelder, nebst ansehnlichen, neuen Weingarten- Anlagen, eine Gemeinde mit offnem Sinne für Fortschritt und Verbesserung und darum unter den ersten Landgemeinden der Heimath, die sich eines Vorschuß- und Lesevereines erfreuen.[115] Auch ist durch die Erben des Pfarrers Buchinger ein Legat von 100 fl. C.M. zur Unterstützung armer Schulkinder, und durch Pfarrer Michael Möckel aus einer Sammlung unter den Gemeindegliedern ein Pensionsfond für die Witwen und Waisen der Geistlichen und Schullehrer des Ortes gestiftet worden, dessen Activum sich gegenwärtig auf 260 fl. beläuft[116]. Weises Walten der Führer auf dem segensreichen Boden einträchtigen Gemeinsinnes gepaart mit rührigem Fleiße und pünktlicher Ordnung bei gleichzeitiger Bearbeitung der Aecker und Gärten, sowie auch gegenseitiger Unterstützung bei Bauten, Aufrechthaltung frommen Sinnes und reiner Sittte in Bruder-, Schwester- und Nachbarschaften, und endlich rühmlicher Besuch des Schul- und Gotteshauses haben dazu gewirkt und beigetragen und so werden denn die Weisen der Gemeinde nicht aufhören auf diesem guten Grunde fortzubauen und mit dem vorwärts drängenden Geiste der Zeit auch selber unverdrossen und unermüdet vorwärts zu schreiten! -

[113] Anhang Nr. VII.

[114] Anhang Nr. VIII.

[115] Anhang Nr. VI.

[116] Protokoll über die Sitzung des Pensionsfondes für die Großpolder evang. Geistlichen und Lehrer.

Anhang.

I.

Abschrift der Großpolder Gemeinde-Rechnung vom Jahre 1616.

Im Jahre 1616 *(sub villicatu Michaelis Schunn)* unter dem Hanncnamte des Michael Schunn.

Am 22ten tag Decembris ist ein anschlag gemacht worden auff die Landzerung kompt auff 4^{teil} unsers Stuels fl. 45. - Den.

Oberst Puld hat den 19 tag Januarij den Geschwornen erlegt	fl.	50.	-	Den.
Item den 23 Januarij haben wir dem Herrn Stuhlsrichter erlegt	fl.	25.	-	Den.
Item den 28 Janu. Haben wir den Geschwornen erlegt	fl.	60.	-	Den.
Item am 2 tag Januarii an der Landzerung auf 4^{teil} R.35.				
Haben wir Oberst Pöldner am 26 Januarii erlegt	fl.	53.	-	Den.
Itcm 29 tag haben wir abermal erlegt	fl.	21.	-	Den.

Februaris.

Den 2ten tag Februarij haben wir erlegt	fl.	15.	-	Den.
Item 5 tag Februarij haben wir abermal erlegt	fl.	16.	-	Den.

Item den 26 tag Feb. ist ein anschlag gemacht worden von dem Apmt der Herrn, beide des Herr Königrichters und Stuelsrichters vom 4^{teill} fl. 15. - Den.

Haben wir oberst poldtner mit wein bezollt	fl.	15.	60	Den.

Item an des Herr Barttesch seiner schuldt, welche Gerg Hankesch im am Hoff schuldig ist gewesen han mir erlegt	fl.	7.	-	Den.

Aprilis

Item den 6 tag Aprilis haben wir erlegt	fl.	22.	90	Den.
Item den 6 tag ist ein anschlag gemacht worden auf die zerung in den Landtag kegen Weißemburg auf das 4[teil] fl.3. - Den.				
Haben wir erlegt	fl.	9.	-	Den.
Item ist ein anschlag gemacht worden zur zerung in den Landtag kegen Weißemburg auffs 4[teil] fl.3. - Den.				
Den 18 tag Aprilis haben wir pöldner erlegt	fl.	8.	75	Den.

Majus.

Den 16 tag May ist ein anschlag gemacht worden an der besöldung des Herr Königsrichters auff das 4[teil] fl. 12.				
Den 16 tag may haben wir erlegt	fl.	11.	90	Den.
Item den 21 tag han wir erlegt	fl.	12.	10	Den.
Item den 22 may han mir erlegt	fl.	12.	-	Den.
Item den 15 tag may ist ein zayß zu weißemburg angeschla gen worden von (Fürstlich Gnaden) F.G. auf den *Cappu* fl. 8. - Den.				
Item auff F.G. zerung und das Haußzu bauen zu *constantin- oplen* fl. 13. 33. Den. gefellt auff das 4[teil] fl. 82. - Den.				
An diesen zayß und zerung haben wir oberst pöldner den 8 tag Junii erlegt	fl.	40.	-	Den.

Junius.

Item den 14 tag Junij haben wir erlegt	fl.	60.	-	Den.
Item den 22 tag haben wir pöldner erlegt	fl.	22.	-	Den.

Julius.

Item den 7 tag Julij haben mir pöldner erlegt	fl.	56.	-	Den.
" " 22 tag han mir abermals erlegt	fl.	20.	-	Den.
" " 24 tag Julij han mir erlegt	fl.	18.	-	Den.
Den 10 tag Julij haben mir pöldner erlegt	fl.	9.	-	Den.

Item den 9 tag Julij ist ein anschlag gemacht worden, da der Herr Königsrichter in den Leger (Lager) zug vom 4^{teill} fl. 9.

Haben wir den 28 tag Julij in der Hermannstadt zu unserm Königsrichter erlegt	fl.	27.	-	Den.

Augustus.

Den 3 tag Augusti haben mir dem Herr Bartesch und Jacobo Unger erlegt	fl.	9.	-	Den.
Item den 4 tag Augusti haben mir erlegt	fl.	9.	-	Den.

September

Den 29 tag Septembris auff die fl. 1000 der Bröẞer Beystand auff das 4^{teill} fl. 4. 20 Den

October

Den 3 tag octobris haben mir pöldner erlegt	fl.	12.	60	Den.
Item den 3 tag haben mir abermal erlegt	fl.	6.	-	Den.

Item den 19 tag octobris auff die Weincher, welche man den Herrn verehrt auf das 4^{teill} fl. 3. - Den

Den 29 tag octobris haben mir an diesem geldt erlegt fl. 9. - Den.

November

Den 15 tag Novembr. ist S. Michaelis und S. Martini Zinse angeschlagen worden und auf das 4^{teil} unsers Stuels fl. 118. - Den.

Item den 17 tag Decembr. haben mir dem Herrn *Sedis* (Stuhlsrichter) und dem Jacobo Ungar erlegt fl. 20. - Den.

Item den 29 tag Novembr. haben mir dem Herr Bartesch eingeweret fl. 100. - Den.

Item haben wir dem Herrn Bartesch erlegt sammt der Schulden des Herrn Büxenmeistes, welcher Summa ist gewesen fl. 100. 60 Den.
Item den 30 tag Novemb. haben wir erlegt fl. 44. - Den.

Item den 15 tag Novembr. ist ein anschlag gemacht worden auff die Stuelsdiener und auff die zerung in den Landtag in die Hermannstadt auff das 4^{teil} fl. 6. - Den.

Den 18 tag Novembr. haben mir erlegt an diesem anschlag fl. 18. - Den.

Summa summarum nach einhalt beider Register durchs gantze Jahr mit den weinchern, welche sie gefillet haben und dem Herr Hofrichter verehrt haben, thut fl. 711. 45 Den. (Das ist fl. 711. 45 Den.)

Diese Rechnung ist gehalten worden den 22 tag Decembris des 1616 Jahrs."

II.

Verzeichnis sämmtlicher Gemeindebürger vom Jahre 1616.

Pitter Böhm.
Andres Modgyesch.
Georg Rechard,
und sein Eidam.
Mathes Melzer.
Bartholomäus Binder.
Die Schergin.
Blasius Wegmet.
Die Adamin.
Pitter Klusch.
Barbara.
Gerg Auner.
Mathes Theil.
Mathes Schunn.
Mathes Albhard.
Andreas Nitsch.
Andres Klein.
Andres Logdeser.
Gerg Mogyesch.
Hannes Wagner.
Merten Conradt.
Andres Herbert.
Hannes Mogyesch.
Georg Hankesch.
Hannes Gaud.
Mechel Schak.
Mechel Stoltz,
und seine Mutter
David Wegmet
Hannes Klusch.
Martin Schappertscher.
Andreas Conrad und
sein Schwiegervater.
Blasius Hintz.
Emericus Andres oder Orclt.
Blasius Nitsch.
Stefan Theil.
Mathes Asmer.
Paul Krauß.
Mathes Silner.
Stefan Zekel.
Pitter Mogyesch.
Georg Schapertscher.
Mathes Zeck.
Mechel Kirr.
Andreas Zeck.
Mathes Härtel.
Georg Theil, und
sein Schwiegervater.
Roth Jentsi.
Galles Bedner.
Merten Seywart.
Lukas Klein.
Mechel Schunnin.
Merten Nitsch.
Pitter Auner.
Martin Drechsler,
sein Schwiegervater
Andres Silner.
Roth Merten Gerg.
Burghütter.

Sammt den Witwen 58 Wirthe.

III.

Grundeigenthum der evang. Kirche vom Jahre 1676.

A. Kirchengrund und zwar:

1. Weingärten:

Im hintern Theile des sogenannten Altenberg 1 ½ Achtel neben Georg Auner.

Am vordern Theile desselben Berges zwei Viertel neben Blasius Schunn.

Am sogenannten Neuweg zwei Viertel neben Blasius Wegmet und Merten Wohnertin.

2. Aecker:

Hinter der Kirchgaß zwei Joch neben Andres Herberth und Merten Nitsch.

Unter dem Reußmärkter Weg am steinernen Brückel vier Joch.

B. Parochialgut und zwar:

1. Weingärten:

Im Reichmann zwei Viertel neben Lukas Klein und Merten Nitsch.

Im Katzling zwei Viertel neben Roth Jentsi und Merten Binder aus Hermannstadt.

2. Wiesen:

Hinter den Gärten von der untern Seite bis zur Mitte steigt ein Viertel. Das zweite Viertel steigt fast in derselben Linie bis an die Grenze der Aecker neben Andres Silner und Stefan Binder.

In demselben Feld vom Ende des Peter Mogyesischen Garten zwei Joch bis an die Aecker grenzend neben Michel Seywart.

Ebendaselbst gegen der Höhe zu in der Mittellage bis an die Aecker grenzend zwei Joch neben Blasius Hintz.

Auf den Kragenwiesen am Ende vier Joch.

Ebendaselbst ein Viertel im Mittelgewandel neben Andres Silner.

Ebenda im untern Gewandel drei Viertel neben Gerg Reichard.

Ebenso am Hamlescher Weg zwei Joch neben Pitter Mogyesch und Andres Herbert.

Im Hewes sowohl der Länge als Breite nach die Beste neben der Gemeinwieß.

IV.

Familien-Verzeichniß der Großpolder Transmigranten,

zusammengestellt aus der Todtenmatrikel und zwar des Jahres:

1753.

1.	Wolfgang Häusler,	Emigrant	aus	Oestreich.
2.	Magdalena Zeugerin	"	"	Steiermark.
3.	Simon Baumgartinger	"	"	Oestreich.
4.	Phillip Hinterleitner	"	"	dto.
5.	Abraham Mayer	"	"	dto.
6.	Johann Mayer	"	"	dto.
7.	Simon Stibinger	Transmigrant.		
8.	Mathias Köthel	"		
9.	Gottlieb Moßhammer	"		
10.	Peter Stock		aus	Kärnthen.

1754.

11.	Wolf Leuthner	aus	Oestreich.
12.	Paulus Zahler	"	dto.
13.	Elisabetha Schauin	"	Steiermark
14.	Maria Fischerin	"	Kärnthen
15.	Susanna Vogelin	"	Oestreich.
16.	Anna Niedermayerin	"	dto.
17.	Hans Ortner	"	"
18.	Susanna Neudorfnerin.		
19.	Johann Pentzdorfer.		
20.	Franz Bauernfeind.		
21.	Mathias Baldinger	aus	Oestreich.

1755.

22.	Maria Godinger	aus	Oestreich.
23.	Sara Maierhoferin	"	dto.
24.	Wolfgang Holzinger	"	"
25.	Hans Reither	"	"
26.	Barbara Sturmin	"	"
27.	Wolfgang Moßhammer	"	"
28.	Mathias Rasch	"	"
29.	Sara Speignerin	"	"
30.	Maria Ederin	"	Kärnthen.
31.	Andreas Hinterecker	"	dto.
32.	Thomas Rheiner	"	"
33.	Andreas Lahner	"	Oestreich.
34.	Petrus Sonnleitner	"	"
35.	Barbara Büchlerin	"	Kärnthen.

1756.

36.	Paul Grottendorfer	aus	-
37.	Peter Recker	"	Kärnthen.
38.	Hans Neudorfer	"	Oestreich.
39.	Franz Hartemberger	"	"
40.	Friedrich Haas	"	Durlach.
41.	Wolfgang Thalberger	"	Oestreich.
42.	Maria Thauhoferin	"	"
43.	Georg Fürthauer	"	"
44.	Matthias Steller	"	Steiermark.
45.	Adam Glatz (Schreiber)	"	Kärnthen.
46.	Andreas Sonnleitner	"	"
47.	Jakob Weger	"	"
48.	Katharina Birkerin	"	"
49.	Mathias Neudorfer	"	"

50.	Christine Ecker	"	Kärnthen.
51.	Nikolaus Stieger (Lehrer)	"	"
52.	Mathias Himmelleitner	"	Oestreich.
52.	Petrus Szilligan	"	"
54.	Michael Bayer	"	Kärnthen.

1757.

55.	Rosina Catolnic	aus	Kärnthen.
56.	Jacob Rieger	"	"
57.	Maria Priviseikin	"	"
58.	Paul Peiner	"	Oestreich.
59.	Rosina Föttingerin	"	"
60.	Christof Führer	"	"
61.	Adam Wenig	"	"
62.	Paul Burgstaller	"	"
63.	Wolfgang Staucher	"	"
64.	Maria Köfflerin	"	Kärnthen.
65.	Katharina Käsbergerin	"	Oestreich.
66.	Maria Fohlinger	"	"
67.	Paul Feisthuber	"	-
68.	Mathias Grottendorfer	"	Oestreich.

1758.

69.	Josef Piringer	aus	Oestreich.
70.	Christian Buchler	"	Kärnthen.
71.	Maria Kroisin	"	Oestreich.
72.	Elisabetha Rahnerin	"	Kärnthen.
73.	Andreas Unterschreiber	"	"
74.	Peter Gasser	"	"
75.	Maria Mistelbergerin	"	Oestreich.
76.	Maria Gruberin	"	"

77.	Phillip Stoyber	"	Oestreich.
78.	Agnetha Wipflerin	"	Steiermark.
79.	Jakob Oberschreiber	"	Kärnthen.
80.	Maria Scheiberin	"	"
81.	Rupert Steff	"	"
82.	Christina Dobnerin	"	"

1759.

83.	Paul Mayerhofer	aus	Oestreich.
84.	Christian an der Zamin	"	Kärnthen.
85.	Maria Elisabetha Wandlingin	"	-
86.	Susanna Sammerin	"	Oestreich.
87.	Mathias Schoverl	"	"

1760.

88.	Maria Holzleitnerin	aus	Oestreich.
89.	Christian Oberschreiber	"	Kärnthen.
90.	Wolfgang Thalberger	"	Oestreich.
91.	Andreas Pacher	"	Kärnthen.
92.	Mathias Jungwirth	"	Oestreich.
93.	Eva Adams Panthuber	"	-
94.	Eva Bratwieserin	"	-
95.	Johann Georg Rohrsdorfer	"	-
96.	Maria Weißbackin	"	-
97.	Eva Gollin	"	Oestreich.

V.

Auszug aus den Pfarrämtlichen Transmigranten-Tabellen der Jahre 1780 bis 1783.

1. Georg Pillars aus Müllstett.
2. Josef Ranicher aus Debriach in Oberkärnthen.
3. Barbara Bigler aus der Pfarre Gnesse.
4. Petrus Holzerer unterm Haus.
5. Franz Privisnik aus Wernersirnitz.
6. Katharina Sturm aus Haus Bamer.
7. Michael Bacherer aus Dorf Rätendorf.
8. Simon Hüttenmaier aufm Hubner Gut Stvack.
9. Elisabetha Eder aus Heydenbuch (Pfarre Gnesse).
10. Martin Weger aus Greischberg.
11. Johann Ribberer aus Dorf Einnach.
12. Jakob Oberreiter aus Lassenberger.
13. Johann Reiter auf dem Reitergut in Sumberg.
14. Lorenz Glatz Schreiber Mestel aus Kärnthen.
15. Helena Mayerhofer aus Eingrub Pfarre Reger.
16. Paul Laner ob der Gurg beim Burreber.
17. Jakob Weger aufm Wellen.
18. Peter Sonnleitner beim Schlosser, Pfarre Stadel.
19. Mathias Reiter aus Grimberg hinter Buchheim.
20. Johann Grottendorfer auf der Wiesen.
21. Thomas Nagel aus Dreysessel in Kärnthen.
22. Rupert Glatz aus Gnesse in Kärnthen.
23. Peter Szilligan aus Weithausen in Oestreich.
24. Gregor Roßbacher aus Kirchheim in Kärnthen.
25. Georg Sonnleitner aus Gnesse in Kärnthen.
26. Bernhard Führer aus Bergheim Schlirrach.
27. Andreas Schartner aus Grimmin Ensthal in Steiermark.

28. Gottlieb Maierhofer aus Engrub, Pfarre Reger in Oestreich.
29. Johann Rohrsdorfer zu Dorff.
30. Geregor Roßbacher beim Roßbach, Kleinkirchheim.
31. Johann Ebner beim Ribner, Herrschaft Großloningen.
32. Hans Pitzner aus Prelitz.
33. Mathias Auringer aus Zickwick.
34. Elisabetha Gruberin aus Ubing.

Ad. 2655/1869

VI.

Satzungen des Lese- und Landwirthschafts-Vereins zu Großpold.

§. 1.

Der Zweck des Großpolder Lese- und Landwirthschafts-Vereines ist:

1. Allgemeine Belehrung und Unterhaltung seiner Mitglieder und zwar:
   a) durch Anschaffung einiger heimischer Zeitungsblätter;
   b) durch Verbreitung zweckmäßiger Volksschriften (mittelst Anschluß an den Zwickauer Verein mit einem beliebigen Jahresbeitrage).
2. Hebung der Landwirthschaft nach allen Richtungen und zwar:
   a) durch Pränumeration auf zwei bis drei landwirthschaftliche Zeitungen und Anschaffung populärer Werke über Landwirthschaft;
   b) durch Berathung und Vornahme von Versuchen, die auf Veredlung des Getreide-Anbaues, der Obst-, Reben- und Gemüsegarten, oder überhaupt auf Vervollkomnung in der Bodenkultur abzielen;
   c) durch Anschaffung und Erprobung etwa nutzbarer Werkzeuge und Maschinen für den Gebrauch des Landmannes.

§. 2.

Die Mittel zur Erreichung dieses Zweckes sind aufzubringen:

1. Durch Jahresbeiträge der Mitglieder und zwar:
   In der ersten Klasse zu fl. 1. - kr. ö. W.
   In der zweiten Klasse zu fl. -. 50 kr. ö. W.
   In der dritten Klasse zu fl. -. 25 kr. ö. W.
2. durch Unterstützungen aus der Gemeindekasse, welche von der Ortscommunität zu erbitten sind;
3. durch Geschenke.

§. 3.

Die dem Vereine angehörenden Zeitschriften und sonstigen Schriftwerke sollen (mit anzusuchender Bewilligung der Ortscommunität) alltäglich in einem Zimmer des Gemeindehauses zur Benützung für die Vereinsmitglieder aufliegen und können daselbst nach dem mit dem Ortsamte vereinbarten Stundenplan gelesen werden.

§. 4.

Um die Wirksamkeit des Vereines zu erhöhen, sollen während der Wintermonate vom 1sten November bis 1sten März wöchentlich an zwei von dem Ausschuße zu bestimmenden Abenden Vorlesungen veranstaltet werden, von denen die Eine vorzugsweise landwirthschaftlichen Gegenständen zu widmen ist. Zu diesen Vorlesungen ist ein passendes Schulzimmer vom ev. Presbyterium zu erbitten.

§. 5.

Die Zeitungen und sonstigen Schriften des Vereins, welche bereits eine ganze Woche im Lesezimmer auflagen, werden alsdann vom Vereinsbibliothekar gesammelt und in Verwahrung genommen, können jedoch von den Vereinsmitgliedern gegen einen Empfangsschein, worin man sich zum Ersatz verschuldeten Schadens verpflichtet, an den bestimmten Tagen unentgeltlich zum Lesen auf zwei Tage bis zu zwei Wochen herausgenommen werden. An Nicht-Vereinsmitglieder (selbst Auswärtige) dürfen sie nur gegen eine entsprechende Lesetaxe und Cautionserlegung und zwar blos mit Bewilligung des Ausschußes höchstens auf einen Monat verabfolgt werden.

§. 6.

Zur Führung seiner Angelegenheiten, als:

a) Bestellung der Vereinszeitungen und sonstigen Schriften;
b) Anordnung und Leitung der Vereins-Vorlesungen;
c) Berathung und Versuche von Verbesserungen in der Landwirthschaft;
d) Berufung und Leitung der Vereinsversammlungen, erwählt sich der Verein einen Ausschuß bestehend aus dem Vorstand, dem Vorstandsstellvertreter, dem Kassier (der zugleich Verwalter ist), dem Bibliothekar (der zugleich Schriftführer ist) und noch acht Mitgliedern.

§. 7.

Der Ausschuß ist durch den Vorstand jährlich mindestens viermal zur Förderung der Vereinsangelegenheiten zu berufen, soll jedoch nach Umständen auch öfters, namentlich auch in dem Falle versammelt werden, wenn drei Ausschußmitglieder sein Zusammentreten für dringlich erachten. Beschlußfähig ist der Ausschuß, durch Stimmenmehrheit, sobald sieben Mitglieder desselben beisammen sind.

§. 8.

Die Generalversammlung des Vereins ist alljährlich einmal im Monat December einzuberufen, damit ihr der Ausschuß Rechenschaft über die Verwaltung des Vereinsgutes und Bericht über die ganze Jahresthätigkeit abstatte und sein Amt in ihre Hände zurücklege, worauf dieselbe zur Neuwahl des Ausschußes zu schreiten hat.

Nach erfolgter Neuwahl kann jedes Mitglied etwaige Beschwerden oder Wünsche zur Verhandlung und Beschlußfassung vorbringen, nur muß es in anständiger Weise geschehen und die Besprechung in ruhiger Weise fortfließen.

§. 9.

Um das volle Einflußrecht aller Vereinsmitglieder sicherzustellen, wird einerseits das Verfügungsrecht des Ausschußes ohne vorher eingeholte Bewilligung des Vereines bei etwannigen Versuchen oder Anschaffungen auf zwanzig Gulden österreichische Währung beschränkt und festgesetzt, daß über schriftliches Verlangen von wenigstens zehn Vereinsmitgliedern der ganze Verein zur Anhörung ihrer Anträge oder Beschwerden zu berufen ist.

Großpold, am 21sten Januar 1869.

Der Vereins-Ausschuß:

David Krasser m.p.

Vorstand.

Friedrich Konnert m.p.

Schriftführer.

7107. szám.

Jelen alapszabályokat, jóvá hagyom saz egylet életbe lépését engedelyezem.

Budán 1869. évi april hó 13-án.

a minister helyett

(L.S.)

***Zeyk Károly** m.p.*

államtitkár.[117]

$$\frac{1649}{1869}$$

[117] Übersetzung (Hrsg): Nummer 7017. Ich stimme dieser Satzung zu und genehmige das Inkrafttreten dieses Vereins. Buda 1869. Am 13 April. Anstelle des Ministers: Zeyk Károly m.p. Außenminister.

VII.

Als Resultat der am 1ten Januar 1870 vollzogenen Volkszählung ergaben sich folgende Bevölkerungs-Verhältnisse und Summen:

Haus-Nummern	422
Zahl der Einwohner	606
Summe der Bevölkerung	1974
Nach dem Geschlechte	
männl.	983
weibl.	991
Nach dem Religionsbekenntnis	
romisch-kath.	17
nicht unirt	769
evang. luth.	1188
reform.	-
unitar.	-
jüdisch	-
sonstige Religionen	-

Nach dem Stande

Männer		
	ledig	534
	verheirathet	421
	verwitwet	37
	geschieden	1
Weiber		
	ledig	479
	verheirathet	421
	verwitwet	90
	geschieden	1

Nach dem Heimatrechte

zuständig		
	männl.	969
	weiblich	977
nicht zuständig		
	männl.	14
	weiblich	14

Nach der Bildung	
des Lesens	
kundig	
männl.	494
weiblich	432
nicht kundig	
männl.	489
weiblich	559
des Lesens und Schreibens	
kundig	
männl.	493
weiblich	289
nicht kundig	
männl.	490
weiblich	702
Abwesende Hiesige	
Männer	25
Weiber	29
bei dcr Linic	6
Landwehr	2
General-Summe	2036

VIII.

Die Großpolder Feldmarke (Hattert) umfaßt zu Folge der 1859 vollendeten Vermessung: 9445 Parzellen vertheilt unter 800 hiesige und 180 fremde Besitzer, darunter:

1.	Aecker	2051	Joch,	349	Quadratklastern	
2.	Wiesen	890	"	492	"	"
3.	Weingärten	187	"	1184	"	"
4.	Hutweide	937	"	304	"	"
5.	Waldung	1966	"	1300	"	"
6.	Ortsried	286	"	384	"	"

Hierfür wurden an Grundsteuer, welche mit 10 Prozent vom Reinertrag bemessen ist, 1624 Gulden 13 4/10 Kreuzer österr. Währung, an Grundentlastungs- und Landeszuschlag 77 Kreuzer von jedem Gulden, und überdies je 25 Kreuzer Kriegszuschlag vom Gulden eingezahlt. Die Steuersumme der Gemeindekasse betrug fl. 1120. - und die der Kirchenkasse gegen fl. 100. - von ihren Einkünften und an Gebühren-Aequivalent.

Druckfehlerberichtigung

Seite 6,	Zeile 4	von oben lies	1224	statt	1223
" 7,	" 26	" " "	vorkommt	"	verkommt
" 8,	" 9	" " "	Dorfes an der	"	Dorfes der
" 11,	" 5	" " "	Jodokus	"	Jndokus
" 12,	" 28	" " "	der den	"	den den
" 24,	letzte Zeile		Anhang I		
" 26,	Zeile 28	von oben "	Gürsauner	"	Gür auner
" 38,	" 16	" " "	von der	"	vor der
" 40,	" 27	" " "	1680ten	"	1618ten
" 42,	" 5	" " "	Beschwernisse	"	Hindernisse
" 64,	" 8	" " "	beisteuern	"	besteuern